第31版 東京都主任試験ハンドブック

都政新報社

はしがき

　いつの時代も「組織は人なり」といわれます。時代の変化とともに都政を取り巻く状況が厳しくなり、この言葉の意味が改めて問われているのではないでしょうか。

　東京都庁に限らず、様々な組織でその命運を握るのは、組織活動を支える職員一人ひとりの力量です。都政においても事務の効率化や少数精鋭が求められ、具体的に課題を把握し、その解決策を的確かつスピード感を持って自ら導き出せる知識や能力を有する職員の存在は欠かせません。主任とは、日常業務を通じた様々な課題に的確に対応できる者として、能力実証された実務の中枢を担う職員です。

　また、主任級職選考は、人事任用制度の入り口として、その後の課長代理級、管理職昇任へのいわば登竜門です。

　2020年度（令和2年度）の主任級職選考の合格者は、種別A・Bを合わせて1070人でした。合格率はAⅠ類で30.0％、AⅡ類で29.7％、Bで56.3％、全体では32.0％です。決して簡単な選考ではありませんが、日々の職務をきちんとこなし、計画的に準備を積み重ねれば、誰にでも合格チャンスのある選考です。

　本書は都政新報に連載した「主任試験講座」を再編集してまとめたものです。忙しい方にとっても、効率的・効果的に勉強を進めるための道しるべとして活用できるように工夫しました。弊社で発行している地方自治法、地方公務員法、行政法の『実戦150題』シリーズや、1日10分の『買いたい新書』シリーズなども、あわせてご活用いただければ幸いです。

2021年5月

㈱都政新報社　出版部

はしがき

第1章　主任選考制度の概要

第1節　主任試験の内容と勉強法 …………………… 8
第2節　合格体験記 ………………………………… 14

第2章　択一式　教養問題A

第1節　統計資料の見方 ……………………………… 20
第2節　憲法………………………………………… 27
第3節　行政法 ……………………………………… 42
第4節　地方自治制度 ……………………………… 65
第5節　地方公務員制度 …………………………… 93

第6節　都政実務 ……………………………… 115

　(1)　行財政 …………………………………… 118

　(2)　人事 ……………………………………… 123

　(3)　文書 ……………………………………… 137

　(4)　財務 ……………………………………… 147

　(5)　組織広報その他 ……………………… 157

第7節　都政事情 ……………………………… 163

第3章　論文攻略法

第1節　主任論文に求められるもの ………… 182

第2節　傾向と対策 …………………………… 185

第3節　課題整理と模範論文 ………………… 192

第4節　論文添削 ……………………………… 221

主任選考制度の概要

第1節 主任試験の内容と勉強法

主任とは

　すでに主任を目指している皆さんには「何を今さら」ということかもしれません が、ここで改めて主任とは何か、整理したいと思います。

　「主任制度」は、昭和61年度に導入されました。人事制度上、特に高度な知識または経験を必要とする係員の職となっています。具体的には、他の部署との折衝や調整、組織内外における円滑なコミュニケーションの確保、後輩職員の指導などを通じ、監督職を補佐することが主任の職責といえます。また、各職場における中核を担う職員として不可欠な存在であり、職員一人ひとりの資質・能力のさらなる向上が求められています。

　そして、任用制度の登竜門です。課長代理選考や管理職選考は、主任にならないと、その受験資格がありません。将来、監督職や管理職として都政運営に携わっていきたいと考えている皆さんには、どうしても越えなければならない第一の関門です。

　主任級職選考に合格するためには、基礎的法令や都政に関する知識を持ち、自らの視点で課題を抽出して分析し、解決策を考え、論理的に記述する表現力など、広範囲の知識と能力が要求されます。これらは、主任級職員として仕事をしていく上で必要不可欠な力となります。したがって、主任級職選考に向けた対策を単なる「試験勉強」として捉えるのではなく、これを契機に都職員としてのキャリアアップを図るという前向きな姿勢で取り組むことが合格の道へとつながります。

対策のポイント

　働きながら限られた時間の中で、効率的に受験対策を進めるには、次の点

が重要になります。

1 相手（筆記考査）を知ること

「敵を知り、己を知れば百戦危うからず」というように、まず主任級職選考の筆記考査では、どのような問題が実際に出題され、どのような傾向があるのかを知ることが大切です。こうした事前準備をおろそかにしたままの人が結構います。

効率的な対策を進めるには、過去問題の分析が必要不可欠です。過去数年分の問題を科目別に見ていくと、よく出題される分野や難易度が見えてきます。これにより、各科目の感触がつかめるとともに、今後の対策やスケジュールを立てる際に役立ててください。

2 スケジュールを立て、勉強する習慣を身に着ける

勉強を始めるということは、多くの人にとって、なかなか気の進まないことだと思います。特に学生時代の試験勉強とは異なり、仕事をしながら勉強をするということは、想像以上に大変な取り組みです。なるべく早い時期から対策に取りかかり、少しずつでも良いので、勉強する習慣を身に着けることが大切です。生活リズムを早期に身に着けることができれば、受験対策の半分は達成したといっても過言ではありません。休日に自宅でじっくりと取り組むのが向いている人、毎朝、出勤前に少しずつ勉強する人、自宅より図書館やカフェで勉強する方が集中できる人など、人によって勉強しやすい環境は異なります。また、担当している職務の繁忙期等も違います。ある程度、余裕を持ったスケジュールを立て、各科目に要する時間を意識しながら試験に挑みましょう。

3 強い気持ちを持つ

主任級職選考に挑戦する以上は、今回で合格するという強い信念と断固たる決意を持って取り組むことが重要です。思うように勉強が進まなかったりすると、仕事も忙しいことから諦めに近い気持ちが生まれることもあります。しかし、今年が忙しければ、来年もまた同じように忙しいのではないでしょうか。大変な受験勉強をもう1年繰り返すことを思えば、今年1年頑張って何としても合格するという心構えで主任級職選考に向き合うべきです。

照れ隠しなのか、「今年は練習で受けて、来年、本格的に頑張ります」というようなことを口にする人がいますが、このような姿勢は、あまり感心できません。「絶対に今回で合格します」と上司や職場に宣言し、甘くなりがちな自分自身の退路を断つというくらいの覚悟を示したいものです。

4　勉強仲間をつくる

　人間は、誰しも自らには甘くなりがちで、一人で計画どおりに進めるのは、なかなか難しいものです。仕事の忙しさから勉強が遅れたり、やる気がなくなったり、家庭のことなどで時間を割けないことがあるかもしれません。そうしたことから、様々な焦りや不安に襲われたりすることもあるでしょう。そのような時に同僚として、あるいはライバルとして切磋琢磨しながら励まし合う仲間がいると、精神的にプラスになり、勉強意欲も湧いてきます。お互いに出題予想を立てたり、情報交換できると、大いに役立ちます。

　勉強法は、問題集を解きながら、解説や根拠に当たるというやり方が基本となります。根本的な理解を深め、知識の定着を図るという意味では「調べる」「教える」という方法が効果的です。そのために仲間で科目等の分担を決めて出題し、解説するという勉強会を実施することがお勧めの方法といえます。

5　常に問題意識を持って仕事に取り組むこと

　最後に、常に問題意識を持ちながら仕事に取り組んでいくことです。程度の差こそあれ、主任級職選考の問題は必ず都政に関わっています。職務を遂行する上で、その事務の根拠は何か、なぜこのような事務が必要なのか、国や社会経済の動向が自分の仕事にどう関わってくるのかなど、常に考えをめぐらせていることが大変重要です。このような日々の問題意識は、択一式の教養問題はもちろん、都政や職場運営に関する見解を問う論文においても役に立ちます。

　仕事をおろそかにし、勉強に没頭するということは、もってのほかといえます。このことは制度の名称が主任「試験」ではなく、主任級職「選考」であることや、合否が日頃の勤務態度などを含めた総合評価で決まることからも明らかです。都職員として仕事を進めていく日常のその先に主任級職選考があることを忘れてはなりません。

択一式問題

　平成18年度の制度改正により、Ⅰ類の教養問題A「択一式」の出題数及び出題分野が変更になりました。問題数が増えた分、分野ごとに幅広く知識を問われることになりますので、しっかり勉強しておく必要があります。ここでは、令和2年度の出題構成を踏まえながら述べます。

主任級職選考の出題構成

■主任AⅠ類（事務）

教養	統計資料の見方	2
	基礎的法令（憲法の基礎知識）	3
	基礎的法令（行政法の基礎知識）	9
	地方自治制度	11
	地方公務員制度	10
	都政実務	13
	都政事情	7
	55題（2時間45分）	
論文	2題出題、1題選択解答（2時間30分） (1) 300字以上500字程度 (2) 1,200字以上1,500字程度	

■主任AⅡ類

教養	統計資料の見方	2
	基礎的法令（憲法の基礎知識）	－
	基礎的法令（行政法の基礎知識）	－
	地方自治制度	－
	地方公務員制度	8
	都政実務	13
	都政事情	7
	30題（1時間30分）	
論文	2題出題、1題選択解答（2時間30分） (1) 300字以上500字程度 (2) 1,200字以上1,500字程度	

■主任AⅠ類（土木・建築・機械・電気）

教養A	統計資料の見方	2
	基礎的法令（憲法の基礎知識）	3
	基礎的法令（行政法の基礎知識）	6
	地方自治制度	6
	地方公務員制度	8
	都政実務	13
	都政事情	7
	45題（2時間15分）	
教養B	基礎的専門知識について、 記述式（語句説明・計算問題） 7題出題、3題選択解答（1時間）	
論文	2題出題、1題選択解答（2時間30分） (1) 300字以上500字程度 (2) 1,200字以上1,500字程度	

【統計資料の見方】

　統計に関する知識、定義の理解が必要となります。平成29年度から資料解釈が廃止され、統計データの分析から2題出題される形に変わりました。『職員ハンドブック』の統計データの分析部分の熟読が不可欠となります。過去問題から出題形式を分析し、解答に必要な知識や計算方法を身に着けましょう。対象分野の広い法律科目に比べて「統計資料の見方」は後回しになりがちです。慣れれば確実に得点源になりますので、地道な取り組みを進めましょう。

【基礎的法令】

　主任AI類のみ憲法と行政法が出題されます。この分野は知識がものをいいます。コンパクトにまとまった参考書等で知識を整理するとともに、過去問題や問題集をこなしていきましょう。法律科目すべてに共通することですが、忘れずに根拠条文にあたることが大切です。平成29年度からは基礎的法令の知識が重視され、行政法の出題数が7題から10題に増えました。法律科目の勉強が初めてという方は、まず憲法から取り掛かってみましょう。

【地方自治制度】

　地方自治制度も主任AI類のみの出題です。正確な知識を身に着けることが大切ですが、法律の範囲が広いので過去問題の傾向をみながら、コンパクトにまとまった参考書等で知識を整理すると良いでしょう。問題を数多くこなし、不明な点は根拠条文にあたることが得点への近道です。

　また、直近の法改正についても、関係資料にあたるようにしましょう。地方自治法は、地方行政に携わる者として基本となる法律です。筆記考査対策ということを契機に、理解を深めるようにしましょう。

【地方公務員制度】

　主任AI類、II類ともに出題されます。この分野も、やはり知識がものをいいます。法律自体は短いので、直接、条文を参照しながら参考書等で知識を整理し、問題集を解きます。不明な点は、他の法律分野と同様、根拠条文にあたることが重要です。数多く問題をこなすことで知識が確実なものとなりますので、問題集は少なくとも2回、できれば3回は繰り返し解き、不正

解の問題については徹底的に解説や根拠条文にあたるようにしましょう。

【都政実務】

　都政実務は、都職員としての日々の業務と密接に結びついた分野からの出題となります。出題数も多いので確実に得点源としたいところです。『職員ハンドブック』の熟読が基本となりますが、その他にも必要に応じて各種の手引き等も精読し、多くの問題演習を解いてください。過去問題はもちろんのこと、日々の仕事の根拠を改めて確認したり、疑問に感じたことをその都度、調べたりすることが重要となります。平成29年度から出題数が13題程度となりました。「人事」「文書」「財務」等の主要分野を中心に出題されます。

【都政事情】

　都政事情は、試験直前に集中的に取り組むことをお勧めします。都の基本方針や各局の主要事業、計画等について、日刊紙や都政新報などに目を通しておくと良いでしょう。その際、すべての内容を正確に理解・記憶することが難しいと思いますので、自分に合った方法で情報収集をしておくと、直前の労力軽減になります。平成29年度から都政事情は7題程度になりました。

論文

　主任AI類の論文試験では、2時間30分で300〜500字程度と1,200〜1,500字程度の論文を作成します。問題意識、問題解決力、論理性、表現力等が問われることになります。いきなり合格レベルの論文を書き上げるのは至難の業です。まず1本書くことを目標にしましょう。そして、先輩や上司に見てもらい、添削を受けます。平成29年度から論文の出題形式が変わり、「都政に関する出題」「職場に関する出題」ともに1〜4点程度の資料が添付されます。受験者は、資料から課題を抽出・分析した上で具体的な解決策を考え、問題意識や問題解決力、論理的に論述する表現力が問われることになります。

第2節 合格体験記

定着を実感しながら反復／主任A　事務

　私は令和元年度に前倒しで択一試験を受験して択一免除となり、令和2年度に論文試験を受験して主任級職選考に合格となりました。試験勉強をする中で重要だと思ったこと、どのように勉強を進めたのか等を中心に私の体験を述べたいと思います。

○択一試験対策

　択一試験の勉強を進める上で重要なことは、繰り返し問題を解くことだと思います。なぜならば、択一試験に出題されるほとんどの問題は、過去に出題された問題と非常によく類似しているためです。

　そこで私は、各科目の参考書や問題集を入手し、ある程度の分野（憲法であれば「天皇」「精神的自由権」「身体的自由権」といったまとまり）ごとに一度ぼんやりと知識のインプットを行った上で、該当する範囲の問題を解き、解き終わったら再度テキストで確認していく、という勉強方法を行い、それぞれ3〜5回程度解き終えた頃には知識の定着を実感するようになりました。直前期には、試験の時間感覚をつかむため市販されている過去問集を購入し、土日に時間を測りながら実践練習を行いました。そのおかげで本番の試験では、ほとんど全ての問題が見たことがあるという状況になり、ペース配分も含めて安心して解き終えることができました。

　私の場合、7月中旬から本格的に勉強を始めました。7〜9月は予算要求の繁忙期でもありましたが、毎日始業前に1〜2時間、土日は図書館等で6〜7時間勉強し、週に20時間ほど確保するようにしました。業務終了後や土日の夕方は趣味の時間も確保し、メリハリをつけながら勉強に取り組んでいました。

○論文試験対策

論文試験の勉強を進める上で重要なことは、自分なりの「論文の型」を身につけること、「問題．課題、解決策の事例」をなるべく多く準備することの２点です。

まず、「論文の型」を固めておくメリットは、出題された問題文から問題点や課題等を抽出し、その型に当てはめるだけである程度論理的な文章が書けるということです。試験中の限られた時間の中、論理の飛躍がない論文を書けることは大きな安心感につながります。

「論文の型」を身につけるにあたっては、再現論文の中から自分が読みやすいと感じたものを分析して、論述の構成・展開を理解した上、自分の言葉に落とし込んで論文を書きました。この論文を上司に３回ほど添削してもらい、納得のいく「論文の型」を完成させ、他の論文を繰り返し書いて定着させました。

次に、「職場もの」の問題においては、職場における問題点を指摘して解決策を提示する必要があります。したがって、事例を多く用意すればするほど、本番の試験でどのような問題が出題されたとしても臨機応変に論述できると思います。これらの事例は過去の再現論文から収集し、自身の言葉に落とし込んだ事例集を作成して時間があれば眺めるようにしていました。

６月上旬に勉強を始め、試験までの約４カ月間、毎週土日に集中して勉強を行いました。８月の終わりまでに課長に添削をお願いして５本の論文を完成させました。

９月に入ってからは課長が議会対応等で多忙になったこともあり、添削はお願いせずに、時間内に書き上げる練習を行いました。今にして思えば、直前期にたくさん書いたことで、準備していないテーマが出題されても、自分が準備してきた事例をうまく変換して問題文に合った回答を作り上げる力がついたと感じています。

以上が私の体験になります。今後受験される方のお役に立つことができれば幸いです。

短時間集中で生活と両立／主任Ａ　技術

　私は、平成30年度に択一試験に前倒しで合格し、令和元年度は論文試験のみとなったものの不合格となりましたが、令和２年度試験で合格することができました。

○全体的な対策

　択一試験は、事務職の方と比べ出題範囲や出題数が少ないこともあり、８月ごろから短期集中で勉強しました。一方、論文試験では、１度目の受験は７月下旬に勉強を始め、明らかに勉強不足のまま試験を迎え、案の定、不合格でした。２度目の受験は１度目の教訓を生かし、５月ごろから勉強を開始しましたが、育児をはじめとした家庭のことで時間を充てており、勤務後から子どもが寝るまでの時間や土日祝日の日中は勉強時間を確保することが困難で、家族の寝静まった深夜帯に、短時間ですが、できるだけ毎日勉強するようにしていました。勉強のためにまとまった時間が取れず、落ち込む時もありました。しかし、短時間でもいいので勉強を継続し、最後まで諦めなければどうにかなると思います。

○択一試験対策

　「地方公務員制度」「都政実務」「統計」「都政事情」の順番で勉強を進めました。「都政実務」に関しては出題範囲が広いことから、過去問を分析し、出題数の多い「文書」「人事」「財務」を優先的に勉強しました。「都政事情」は、局の研修担当が用意してくれた、プレスなどのまとめを直前期にひたすら読んでいました。

　参考書は１、２冊購入しましたが、結局、直近５カ年分の過去問を用い、間違い選択肢を正しい内容に修正しながら、知識をたたき込んでいました。こうすることで問題の出題傾向も見えてきて、本番も「都政事情」以外の問題はほぼ迷わず回答することができました。

○論文対策

　論文の勉強を進める上で、型を習得すること、上司に添削してもらうこ

と、課題と解決策の事例を収集すること、この3点は大抵の方が実施していると思います。それ以外の点で私が意識したのは、「問題1の課題の提示の精度（論理的か, 的確か）をいかに極めることができるか」です。一般的に文章は、最初と最後がその文章の印象を形作るため重要であると言われます。採点者は多忙な中、1人で複数の論文を採点します。そのため、問題1をいかにうまく書けるようになり、採点者が読んでもいいと思えるものとできるか、を常に念頭に勉強していました。

　試験本番は、例年にない出題パターンでしたが、基本は覚えた課題と解決策をベースとしつつ、事例に沿ったかたちで一部内容を組み替えて対応しました。例えば、準備論文では「朝会を実施する」としていたのを、今回は「テレワーク」がテーマでしたので、「skypeを活用し朝会を実施する」などです。出題傾向が変わっても、外見が異なるだけであって根幹は変わらないので、焦らず対応できれば大丈夫です。

　以上が私の体験になります。今後受験される方のお役に立つことができれば幸いです。

自己ルール設けて地道に／主任A　事務

　私は、令和元年度に択一試験を前倒しで免除となり、令和2年度に論文試験を受験して主任試験選考に合格しました。今回は私なりに考えて実施した勉強方法や感想を率直に記載させていただきます。

○択一試験対策

　4月から試験を意識していましたが、本格的に対策を始めたのはズルズルと6月になりました。6月は過去問を参照して、試験の難易度と自分にとって必要な勉強時間のイメージを固めた上で、有用な参考書、勉強方法に関する情報収集を行いました。その後、7月以降は問題集と過去問を繰り返し解きました。使用した教材は、法律科目は『101問シリーズ』、都政実務と統計は『職員ハンドブック』と過去問でした。

　問題集は、初見で理解できなかった分野を重点的に繰り返し解きました。また、憲法や統計といった出題数が少ない科目は、過去問の傾向から本番で

出題されそうな分野に絞って学習しました。択一試験は、年度によって合格点が7割近くになることもあり、落とせる問題が限られるだろうと考え、出題数の少ない科目も含め全ての科目の勉強をしました。

8月以降は、電車の隙間時間に加え、勤務終了後や土日を勉強時間に充てました。残業も多少ありましたが、勤務終了後は、帰宅後24時まで可能な限り勉強時間に充てると自分でルールを決めて勉強しました。

択一試験は、勉強の成果が点数に結びつきやすいです。問題集、過去問を3周程度繰り返し解くなど知識の定着を図れば、良い結果につながると思います。

○論文試験対策

論文試験も択一試験と同様に6月から試験の対策を始めました。はじめに大きな作戦として「職場もの」を中心に準備を進め、「都政もの」は2本ほど用意しようと決めました。「職場もの」は論点を用意すれば、本番で臨機応変に対応できると思ったためです。

6月は、合格再現論文を40本程度ざっと流して読み、論文の型を覚え、自分が使えそうな表現をいくつか書き出しました。

7月から本番までは、「職場もの」「都政もの」をそれぞれ1本ずつ課長に添削していただきました。添削を受けることで、情報収集に役立つ資料や伝わりやすい表現、論文の構成について指導をいただきました。

また、時間を図った上での手書きの練習を行いました。「手書きだと漢字が出てこない」「意外と手が痛くなる」といったことを、自ら手を動かして体験することをお勧めします。

試験本番では「都政もの」で用意していたテーマが出題されなかったため、「職場もの」を書きました。論文試験は択一試験と比べて絶対的な正解がないため、手応えは会心の出来ではなかったです。今から振り返ると本番までに論文の型を覚え、最後まで書き切ることが大切であると思います。

試験勉強を振り返って、自分一人の力で合格することはできなかったと痛感しています。論文を丁寧に添削していただいた職場の上司、参考書などの情報をくれた同期、家庭の理解など周囲の力添えがあり、なんとか合格することができました。今後、主任試験を受験する皆様のご健闘を祈念しております。

択一式
教養問題A

統計資料の見方

　統計資料の見方は、職務を遂行する上で必要となる各種統計資料を正しく理解できるかを問うものです。

　主任選考では、平成29年度に、基礎的な法令知識等、主任級職にふさわしい能力をより一層適切に実証していくといった観点から、出題構成等の見直しが行われました。その一環として、これまで出題されていた「資料解釈」の分野が廃止となり、「統計データの分析」（『職員ハンドブック2019』646ページ〜）の分野から2問の出題となっています。

　総出題数から見ると、全体に占めるウエートは高くありませんが、統計学の基本的な知識及び計算方法を身に着けていれば確実に得点可能です。また、実務上でも活用できる知識であり、都庁職員として身に着けておきたい分野でもあります。

　統計資料の見方で確実に得点するためには、正確な知識を身に着けることが不可欠です。効率よく勉強し、確実に知識を習得しましょう。

出題傾向

　統計資料の見方に関する出題範囲としては、出題構成等の見直しが行われる以前と変わりありません。『職員ハンドブック』第Ⅲ編第9章第3節から、統計上の用語や概念を問う問題が出題されています。難易度はさほど高くなく、計算を伴う場合であっても、簡単な四則演算で求められるものにとどまります。第3節を中心にしっかりと覚えれば、確実に正しい解答をすることができます。

　平成28年度までは、年度別の登録件数の構成比を積み上げグラフから読み取る設問や、商品別販売額の対前年比増加率を折れ線グラフから解釈する設問等が「資料解釈」として出題されていましたが、平成29年度以降は出題されていません。令和3年度も出題されないものと想定されます。ここ数

年の出題分野を見てみると、平成30年度は統計の基礎知識と寄与率、令和元年度は相関係数と中央値、令和2年度は統計の基礎知識と偏差値が出題され、基礎的な問題が出題されています。

解法のポイント

統計資料の見方は、用語の定義等の統計の基礎知識を身に着けていれば短時間で確実に正解を見つけることができます。

1 各分析の定義を理解

『職員ハンドブック』などを基に用語の定義を解説していきます。

まずは代表値についてです。代表値は分布を代表する値のことと定義されます。分布上の全変数に関する代表値である「計算による平均」と分布上の位置によって決まる代表値である「位置による平均」の二つがあります。ここでは、三つの用語を紹介します。(1) 算術平均＝変数の総和をその項数で割って計算される平均値。(2) 中央値＝集団の値の大きさの順に並べたときの、中央に位置している値。集団の個数が偶数の場合は、中央の2項の中間、すなわち二つの変数を加えて2で割った値。(3) 最頻値＝分布の峰に対する値。あるいは、統計資料の度数分布で、度数が最も多く現れる値。最頻値を含む階級を、その両端の階級の度数で比例分配する等で求める（『職員ハンドブック2019』646ページ～）。

次に、分散度についてです。分散度は、平均値だけで集団の特性が十分に表すことができないことを踏まえ、これを補完して集団の特性を十分に表すような特性値のひとつです。ここでは二つの用語を紹介します。(1) 分散＝データが平均値を中心にどの程度散らばっているかを示す値であり、平均値に対する偏差の二乗和（平方和）の平均で定義されます。データの散らばりが大きいと分散も大きくなり、散らばりが小さいと分散はゼロに近づきます。(2) 標準偏差＝分散と同様に、データが平均値を中心にどの程度散らばっているかを示す値です。分散の平方根で定義されます。データの散らばりが大きいと標準偏差も大きくなる性質も分散と同様です。標準偏差を求める

ためには、まずは分散を計算する必要があります（『職員ハンドブック2019』648ページ〜）。

　次に、統計比についてです。統計比は、集団内・集団間の比率や増減の割合などを表す比率であり、ここでは五つの用語を紹介します。(1) 構成比＝全体に占める個々の内訳（通常は百分率）で表されます。(2) 変化率＝一般に期間の始め（期首）の値に対する期間中の増減数の割合（百分率）で表します。(3) 寄与度＝各項目の変化が全体をどの程度の割合で変化させたかを示すものであり、総数の期首の値に占める内訳項目の変化数の割合（百分率）で表します。したがって、各項目の寄与度の合計は、総数の変化率に等しくなります。(4) 寄与率＝各項目の変化が、全体にどの程度の影響を与えたかを百分率で表します。したがって、各項目の寄与率を合計すると100になります。(5) 指数＝同一現象の時間的な変化または場所的な変化を、ある時点または場所を基準（100）として相対的に示すものです（『職員ハンドブック2019』650ページ〜）。

　最後に回帰分析です。ある変数xを原因（独立変数）、yを結果（従属変数）とする関係があるときに、両変数間の量的関係を$y = f(x)$という回帰方程式で表すことを回帰分析といいます。両変数間の量的関係が、最も簡単な1次方程式$y = a + bx$で示される場合、係数a、bを回帰母数と呼び、特に、bを回帰係数といいます。また、独立変数が一つの回帰分析を単回帰分析といい、独立変数が二つ以上の回帰分析を重回帰分析といいます（『職員ハンドブック2019』654ページ〜）。

　これらのような用語の定義を確実に理解すると同時に、日頃から統計表やグラフに見慣れておくことも対策の一つです。新聞、雑誌、書籍など、普段の生活や仕事で統計表やグラフなどに触れる機会に、身に着けた統計知識を意識して資料を見ることを心がけてみましょう。

2　計算方法を覚える

　計算問題が出題された場合でも、統計の基礎知識を理解していれば問題ありません。設問の表の中のどの数字を使用すれば正しい答えを導き出せるのかを見極めれば回答を導くことができます。『職員ハンドブック』に代表的な計算例が記載されているので、計算が苦手な方は、一度計算式をなぞるな

どして、計算方法を覚えるようにしましょう。計算自体は、難しいものではないので、余白部分を使って計算をすれば時間内に十分に答えを算出できます。

『職員ハンドブック』に記載されている設問に加えて問題演習を行いたい方は、Σ（シグマ）を使った計算（分散や標準偏差、ラスパイレス式・パーシェ式指数を求める場合などに活用する）方法について、市販の参考書等を基に勉強されることをお勧めします。

問題 1 統計データの分析に関する記述として、妥当なのはどれか。

1 最頻値とは、集団の値を大きさの順に並べたときの、中央に位置している値をいう。集団の個数が偶数の場合は中央の2項の中間、すなわち二つの変数を加えて2で割った値を最頻値とする。

2 変化率とは、各項目の変化が、全体の変化にどの程度の影響を与えたかを百分率（％）で表したものであり、各項目の変化率を合計すると100になる。

3 総合指数の算式で代表的なものとしては、基準値の数量を固定する「パーシェ式」と、比較時の数量を固定する「ラスパイレス式」がある。

4 代表値とは、変数の総和をその項数で割って計算される平均値をいう。

5 寄与度とは、各項目の変化が全体をどの程度の割合で変化させたかを示すものであり、各項目の寄与度の合計は、総数の変化等に等しい。

解説 1 「統計資料の見方」では、まずは用語の定義を正しく理解しておくことが非常に重要である。はじめはとっつきにくく感じるかもしれないが、『職員ハンドブック』等を活用し、基本的な知識を身につけておこう。

1 **誤り**。本肢の記述は中央値に関するものである。

2 **誤り**。本肢の記述は寄与率に関するものである。

3 **誤り**。「パーシェ式」と「ラスパイレス式」に関する記述が逆である。

4 **誤り**。本肢の記述は算術平均に関するものである。

5 **正しい**。

正答 5

問題2 ある中学校で世界史のテストを行ったところ、平均点が76点、標準偏差は9点であった。学生Aの点数が82点であったとき、学生Aの偏差値はいくつか。なお、計算結果は小数点第二位を四捨五入するものとする。

1　47.3
2　53.3
3　56.7
4　64.8
5　72.3

解説2

標準偏差はデータが平均値を中心にどの程度散らばっているのかを示す値である。

偏差値（T）は、各人の試験の点数をx、平均点をy、標準偏差をzとすると、T = 50 + 10 ×（x－y）／zという計算式で求めることができる。問題文中の数値をあてはめると、T = 50 + 10 ×（82－76）／9 = 56.6666…となり、小数点第二位を四捨五入し、56.7が正答となる。

正答　3

問題3 次の表は、ある企業の売上額を事業別に示したものである。平成31年度に対する令和元年度のレストラン事業の寄与率として、正しいのはどれか。

<寄与率>　　　　　　　　　　　　　　　　（単位：百万円）

区　　　分	平成31年度	令和元年度
ホテル事業	18,000	25,800
レストラン事業	23,500	26,500
デリバリー事業	3,400	4,300
ベーカリー事業	1,300	1,000
物販事業	1,800	2,400
そ　の　他	2,200	2,200

1　10%
2　25%
3　30%
4　45%
5　55%

解説3

　寄与率とは、各項目の増減が、全体の増減にどの程度の影響を与えたかを百分率（％）で表した値である。内訳項目の増減を、全体の増減で除し、100を乗じて求める。

　全体の増減は、4300 + 6500 + 900 − 300 + 600 + 0 = 12000である。レストラン事業は3000の増なので、寄与率は、3000 ÷ 12000 × 100 = 25%となる。

正答　2

問題4　次の表は、ある会社の社員200人の給与月額を調べた結果である。この表から求められる分散として、正しいものはどれか。

<分散>

収入（万円）	度数 f（人）	中央値（x）	f・x	f・x^2
10 以上 20 未満	10	15	150	2,250
20 以上 30 未満	45	25	1,125	28,125
30 以上 40 未満	70	35	2,450	85,750
40 以上 50 未満	50	45	2,250	101,250
50 以上 60 未満	20	55	1,100	60,500
60 以上 70 未満	5	65	325	21,125
計	200	—	7,400	299,000

1　37万円
2　82万円
3　126万円

4　149万円

5　182万円

解説 4

　分散は、データが平均値を中心にどの程度散らばっているかを示す値である。

　分散は、 f・x の2乗の合計を f の合計で割り、算術平均の2乗を引いて求める。算術平均は、 f・x の合計を f で割ることで求める。

　したがって、(299000 ÷ 200) ー (7400 ÷ 200) の2乗 = 1495 − 1369 = 126となり、126万円が正答となる。

正答　3

憲法

　憲法は国の最高法規であり、その習得は試験科目であるか否かにかかわらず、公務員として職務を行っていく上で必須の知識であることは言うまでもありません。平成19年5月に「日本国憲法の改正手続に関する法律」（いわゆる「国民投票法」）が公布され、平成22年5月に施行されました。憲法改正の是非に対する見解が様々な主体から出され、憲法に対する社会的な関心も広がりつつあります。

　今回、主任級職選考のために学んでいくことは、職務に生かせるだけでなく、社会のトピックスとして注目されていますので、出題数は3問と多くはありませんが、腰を据えて勉強してください。

　まず、基本的人権の分野は、問題集などの勉強を通じて憲法の本質的な考え方を理解すると、本番の試験でも正答に結びつきやすくなります。統治機構の分野では、細かい事項まで問われることが多いので、憲法の条文をある程度、丸覚えすることが得点につながります。

出題傾向

　出題数が3問になった平成15年度以降は、条文や用語の意味を正確に知らないと正誤の判定ができない選択肢が多くなっています。しかし、憲法の考え方を押さえて勉強した場合には、丸暗記していなくても正答にたどりつく問題になっています。

　過去10年間の出題は、次のとおりです。

〔平成23年度〕　①請願権（16条）
　　　　　　　　②人身の自由（31条、33〜39条）
　　　　　　　　③参議院の緊急集会（54条）

〔平成24年度〕①天皇及び皇室の経済（4〜8条）

②衆議院の解散（7条、54条、69条）

③法の下の平等（14条）

〔平成25年度〕①表現の自由（21条）

②内閣の権能（6条、61条、73条、74条）

③租税法律主義（84条）

〔平成26年度〕①経済的自由権（22条、29条）

②司法権の独立（62条、76条、78〜80条）

③内閣総理大臣の地位及び権能（67条、68条、75条）

〔平成27年度〕①信教の自由（20条）

②社会権（25〜28条）

③衆議院の優越（59条〜61条、67条）

〔平成28年度〕①思想及び良心の自由（19条）

②職業選択の自由（22条）

③衆議院の解散（7条、54条、69条）

〔平成29年度〕①法の下の平等（14条）

②請願権（16条）

③租税法律主義（84条）

〔平成30年度〕①表現の自由（21条）

②違憲審査権（81条）

③経済的自由権（22条、29条）

〔令和元年度〕①人身の自由（31条、33〜39条）

②生存権（25条）

③内閣及び内閣総理大臣（6条、66〜70条、73条、79条）

〔令和2年度〕①職業選択の自由（22条）

②財産権（29条）

③司法権の独立（76条、79条）

問題 1　憲法に定める国会に関する記述として妥当なのはどれか。

1　衆議院が解散された場合、内閣は国に緊急の必要があるときは参議院の緊急集会を求めることができるが、当該緊急集会において採られた措置は、次の国会開会の後10日以内に、衆議院の同意がない場合には、その効力を失う。

2　衆議院と参議院で予算について異なった議決をした場合は、衆議院の優越が認められているため、衆議院は両議院の協議会の開催を求める必要はなく、衆議院の議決が直ちに国会の議決となる。

3　内閣総理大臣の指名の議決において、衆議院が議決をした後、国会休会中の期間を除いて10日以内に参議院が議決しない場合、衆議院の総議員の3分の2以上の多数で再び可決したときは、衆議院の議決が国会の議決となる。

4　参議院が、衆議院の可決した条約の締結に必要な国会の承認を受け取った後、国会休会中の期間を除いて30日以内に議決しない場合、衆議院で出席議員の3分の2以上の多数で再び可決したときは、衆議院の議決が国会の議決となる。

5　国の収入支出の決算は、先に衆議院に提出され、参議院で衆議院と異なった議決をした場合、両議院の協議会を開いても意見が一致しないときは、衆議院の議決が国会の議決となる。

解説 1

1　**正しい**（54条2項、同3項）

2　**誤り**。予算について、参議院で衆議院と異なった議決をした場合、法律の定めるところにより、両議院の協議会を開いても意見が一致しないときは、衆議院の議決を国会の議決とする（60条2項）。

3　**誤り**。内閣総理大臣の指名の議決について、衆議院の議決後、国会休会中の期間を除いて10日以内に参議院が議決をしないときは、衆議院の議決を国会の議決とする。衆議院の再可決は不要である（67条2項）。

4　**誤り**。条約の締結に必要な国会の承認については、60条2項（予算）の規定を準用し、衆議院の議決後、国会休会中の期間を除いて30日以内に参議院が議決をしないときは、衆議院の議決を国会の議決とする（61条）。

5 **誤り**。決算については、衆議院の優越は認められていない。

正答　1

問題 2　日本国憲法に規定する内閣総理大臣に関する記述として、通説
に照らして、妥当なのはどれか。

1　内閣総理大臣は、法律に主任の国務大臣とともに連署しなければならな
　いため、内閣総理大臣の連署を欠く法律の効力は否定される。
2　内閣総理大臣は、国務大臣を任意に罷免（ひめん）することができるが、この罷免
　権は内閣総理大臣の専権に属するため、国務大臣の罷免に当たっては、天
　皇の認証を必要としない。
3　内閣総理大臣は、国会議員の中から国会の議決で指名され、国会議員の
　任期満了または衆議院の解散により、国会議員の地位を失った場合におい
　ては、直ちに内閣総理大臣の地位を失う。
4　内閣総理大臣は、内閣を代表して議案を国会に提出することができる
　が、この議案には法律案及び予算案が含まれる。
5　内閣総理大臣は、国務大臣の在任中における訴追への同意権を有する
　が、同意を拒否した場合、国務大臣は訴追されず、訴追の理由となった犯
　罪に対する公訴時効は進行する。

解説 2

1　**誤り**。内閣総理大臣の連署は法律の執行責任を明確にする趣旨で要求さ
　れているものであり、連署を欠くことをもって、その法律が無効となるも
　のではない。
2　**誤り**。前半の記述は正しいが、国務大臣の罷免に当たっては、天皇の認
　証が必要とされる（7条5号）。
3　**誤り**。国会議員の任期満了または衆議院の解散により国会議員の地位を
　失った場合、直ちには内閣総理大臣は地位を失わず、新たに内閣総理大臣
　が任命されるまで引き続き職務を行う（71条）。
4　**正しい**。
5　**誤り**。国務大臣は、内閣総理大臣の同意が無ければその在任中訴追され

ないが、訴追の同意のない場合には、犯罪に関する公訴事項の進行は停止する（75条但し書き）。

正答　4

>**問題3**　憲法に定める学問の自由または教育を受ける権利に関する記述として、妥当なのはどれか。

1　最高裁判所の判例では、普通教育の場においては完全な教授の自由が保障されるが、全国的に一定の水準を確保すべき強い要請があることから、国は、必要かつ相当と認められる範囲で、教育内容を決定する権能を有するとした。

2　教育を受ける権利は、国の介入、統制を加えられることなく教育を受けることができるという自由権としての側面と、国に対しての教育制度の整備とそこでの適切な教育を要求するという社会権としての側面を持つ。

3　全て国民は、その保護する子女に普通教育を受けさせる義務を負い、普通教育は子女の人格の完成に不可欠であることから、子女には、義務教育を受ける義務が課せられている。

4　最高裁判所の判例では、学生集会は、大学が許可したものであり、かつ、政治的社会的活動ではなく真に学問的な研究またはその成果の発表のためのものであっても、大学の有する特別の学問の自由と自治を享有しないとした。

5　最高裁判所の判例では、憲法の義務教育は無償とするとの規定は、授業料及び教科書代を徴収しないことを意味し、このほかに学用品その他教育に必要な一切の費用まで無償としなければならないことを定めたものではないとした。

>**解説3**

1　**誤り**。判例は、普通教育においては、教師が児童生徒に対して強い影響力、支配力を有していることなどから、普通教育における教師に完全な教授の自由を認めることは許されないとしている（最大判昭51年5月21日）。

2　**正しい**。

3 **誤り。** 当該義務は、親権者が子女に対して教育を受けさせる義務であり、子女が義務教育を受ける義務を負うとするものではない。

4 **誤り。** 判例は、学生の集会が真に学問的な研究またはその結果の発表のためのものではなく、実社会の政治的・社会的活動にあたる行為をする場合には、大学の有する特別の学問の自由と自治は享有しないとしている（最大判昭38年5月22日）。したがって、真に学問研究や結果発表のためのものであれば、享有し得るものと考えられる。

5 **誤り。** 判例は、義務教育は無償とするとの規定は、授業料不徴収の意味と解するのが相当であり、授業料のほかに教科書、学用品その他教育に必要な一切の費用まで無償としなければならないことを定めたものではないとした（最大判昭39年2月26日）。

正答 2

問題4 憲法14条に定める法の下の平等に関する記述として、通説に照らし、妥当なのはどれか。

1 「法の下に平等」とは、法を執行し適用する行政権・司法権が国民を差別してはならないという法適用の平等のみを定めたものである。

2 「信条」とは、宗教上の信仰を意味し、思想上・政治上の主義、信念などは「信条」には含まれない。

3 「平等」とは、国民誰しも絶対的に平等に取り扱うという、絶対的平等を意味する。

4 「社会的関係」とは、政治的関係及び経済的関係に含まれない全ての生活関係をさす。

5 「人種、信条、性別、社会的身分または門地により差別されない」とは、差別をしてはいけない事由を限定列挙したものである。

解説4

1 **誤り。**「法の下に平等」とは、法適用の平等のみではなく、法内容の平等をも定めたものとされている。

2 **誤り。**「信条」には、宗教上の信仰にとどまらず、広く思想上・政治上

の主義、信念なども含むとされている。

3　**誤り**。「平等」とは、絶対的・機械的平等ではなく、年齢や性別、職業などの各人の事実的差異を前提に，同一の条件下では均等に扱うという相対的平等を意味するとされている。

4　**正しい**。

5　**誤り**。差別してはならない事項の限定列挙ではなく、例示的列挙であるとされており、これらの列挙に該当しない場合でも、不合理な差別は禁止されるものである。

正答　4

問題 5　憲法に定める表現の自由に関する記述として、妥当なのはどれか。

1　アクセス権とは、一般国民がマス・メディアに対して自己の意見を発表する場を提供するよう要求する権利のことであり、表現の自由における具体的権利として認められる。

2　報道は事実を知らせるものであり、特定の思想を表明するものではないため、報道の自由は、憲法が保障する表現の自由には含まれない。

3　表現の自由を中心とする精神的自由を規制する立法の合憲性は、経済的自由よりも、とくに厳格な基準によって審査されなければならない、という考え方を二重の基準の理論と呼んでいる。

4　最高裁判所は、新潟県公安条例事件において、条例により一般的な許可制を定めて集団示威運動を事前に抑制することは、憲法の趣旨に反しないと判示した。

5　最高裁判所は、北方ジャーナル事件において、雑誌の内容が名誉毀損に当たるとして発売前に差し止めた仮処分は、検閲に当たると判示した。

解説 5

1　**誤り**。前段のアクセス権の説明は正しい。しかし、アクセス権が具体的権利となるためには、特別の法律が制定されなければならないと考えられており、後段は誤り。

2　**誤り**。報道は、事実を知らせるものであり、特定の思想を表明するもの

ではないが、報道のために報道内容の編集という知的作業が行われ、送り手の意見が表明されることなどから報道の自由も表現の自由の保障に含まれると考えられている。

3 **正しい**。精神的自由は、立憲民主政の政治過程にとって不可欠の権利であるから、経済的自由に比べて優先的地位を占めるとし、精神的自由を規制する立法の合憲性は、経済的自由を規制する立法よりも、とくに厳格な基準によって審査されなければならないという考え方を二重の基準の理論という。

4 **誤り**。最高裁判所は、新潟県公安条例事件において、公衆の集団示威運動は、公共の福祉に反するような不当な目的または方法によらないかぎり、本来国民の自由とするところであるから、一般的な許可制を定めてこれを事前に抑制することは、憲法の趣旨に反し許されないとした（最大判昭和29年11月24日）。

5 **誤り**。最高裁判所は、北方ジャーナル事件において、検閲を行政権が主体となって、思想内容等の表現物を対象とし、その全部または一部の発表の禁止を目的として、対象とされる一定の表現物につき網羅的一般的に、発表前にその内容を審査したうえ、不適当と認めるものの発表を禁止することをその特質として備えるものを指すと解し、設問の仮処分は検閲に該当しないとした（最大判昭和61年6月11日）。

正答　3

問題6　憲法に定める違憲審査制に関する記述として、妥当なのはどれか。

1 違憲審査制は、最高裁判所のみに与えられた権限ではなく、高等裁判所や地方裁判所などの下級裁判所もこれを行使することが出来る。

2 違憲審査の対象は、一切の法律、命令、規則または処分とされており、条例は違憲審査の対象には含まれない。

3 違憲判決には法令違憲と適用違憲とがあり、このうち法令違憲とは、具体的な訴訟事件で争われていない場合にも、法律、命令の規定そのものを違憲とすることを言う。

4 最高裁判所が違憲判決を行った法律は、国会による改廃の手続きを待たずに、当然に無効となる。

5 最高裁判所は、これまでの衆議院議員及び参議院議員の定数不均衡訴訟

の全てにおいて、公職選挙法の議員定数配分規定は合憲であり、選挙は有効であると判示している。

解説6

1　**正しい**。下級裁判所にも違憲審査権が認められていると解されている。ただし、下級裁判所の違憲審査は終局的であってはならず、必ず最終的に最高裁判所の審査を受ける道を開くことが必要となる。

2　**誤り**。違憲審査権の対象に条例は明記されていないが、条例に対して違憲審査を行うことは出来ると解されている。

3　**誤り**。裁判所は、具体的な訴訟事件を前提として、その解決に必要な限りで違憲審査権を行使できると解される。そのため、法令違憲の違憲判決をする場合にも、具体的な訴訟事件で争われていることは必要である。

4　**誤り**。最高裁判所が違憲判決を行った場合でも、当該法律は国会による改廃の手続きを待たずに当然に無効とはならない。

5　**誤り**。これまでの国会議員の定数不均衡訴訟において、最高裁判所が公職選挙法の議員定数配分規定は違憲であると判示した判例がある。ただし、事情判決の法理により、選挙自体は有効であるとしている。

正答　1

問題7　内閣の権能に関する記述として、妥当なのはどれか。

1　内閣は条約の締結を行うことができるが、条約の締結に対する国会の承認を経るに当たっては、先に衆議院の議決を経なければならない。

2　内閣は、最高裁判所の長たる裁判官の指名をすることができるが、最高裁判所の長たる裁判官以外の裁判官の任命をすることはできない。

3　内閣は、国会の臨時会の召集を決定することができるが、いずれかの議院の総議員の２分の１以上の要求があれば、その召集を決定しなければならない。

4　内閣は、予備費を歳入歳出予算に計上することができるが、予備費の支出に当たっては、事前に国会の承諾を経なければならない。

5　内閣は、大赦、特赦、減刑、刑の執行の免除及び復権を決定することが

でき、決定にあたっては、事前に国会の承認を必要としない。

解説7

1　**誤り**。内閣は、条約の締結を行うことができるが、条約の締結に対する国会の承認を経るに当たっては、衆議院に先議権はない。
2　**誤り**。内閣の権能として、最高裁判所の長たる裁判官の指名や最高裁判所の長たる裁判官以外の裁判官及び下級裁判所の裁判官の任命がある。
3　**誤り**。内閣は、国会の臨時会の召集を決定することができるが、いずれかの議院の総議員の「4分の1」以上の要求があれば、その召集を決定しなければならない。
4　**誤り**。内閣は、予備費を歳入歳出予算に計上する場合には、国会の承認が必要であるが、予備費の支出は、内閣の責任で行うことができ、国会の承認を経る必要はない。
5　**正しい**。いわゆる恩赦を決定することは、内閣の権能であり、国会の承認を経る必要はない。

正答　5

問題8
憲法に定める職業選択の自由についての最高裁判所の判例に関する記述として、妥当なのはどれか。

1　司法書士法違反事件では、司法書士法が登記に関する手続きの代理等の業務を司法書士以外の者が行うことを禁止していることは、公共の福祉に合致した合理的な規制であり、合憲であるとした。
2　小売市場許可制事件では、小売商業調整特別措置法に定める小売市場の開設許可制は、小売商に対し流通市場における特別の利益を付与するものであり、その目的、規制の手段及び態様において合理性が認められず、違憲であるとした。
3　平成元年の公衆浴場距離制限事件では、公衆浴場法に定める公衆浴場の配置規制は、公衆浴場の経営の安定を目的とするものであるが、規制の必要性と合理性を有しているとは認められず、違憲であるとした。
4　酒類販売免許制事件では、酒税法が酒類販売業を免許制としていること

は、酒税の適正かつ確実な賦課徴収を図るという国家の財政目的のために、必要かつ合理的な規制であるとはいえず、違憲であるとした。

5 薬局距離制限事件では、薬事法に定める薬局の配置規制は、薬局の偏在を避け、競争激化による不良薬品の供給を防止し、国民の生命及び健康に対する危険を防止するために必要かつ合理的な規制であり、合憲であるとした。

▶解説8

1 **正しい**（最判平12年2月8日）。

2 **誤り**。小売市場の開設許可制は、国が社会経済の調和的発展の観点から中小企業保護政策の一方策としてとった措置ということができ、目的に一応の合理性が認められ、その手段・態様においても著しく不合理であることが明白でないため、憲法に反しないとした（最大判昭47年11月22日）。

3 **誤り**。公衆浴場の距離制限は、規制の必要性と合理性を有していると認められ、憲法に反しないとした（最判平元年1月20日）。

4 **誤り**。租税の適正・確実な賦課徴収のための許可制は、その必要性と合理性について、立法府の政策的・技術的な裁量を逸脱し著しく不合理なものでない限り違憲ではないとして、酒類販売業を免許制としていることは憲法に反しないとした（最判平4年12月15日）。

5 **誤り**。薬局開設の距離制限規制について、国民の生命、健康に対する危険を防止するための消極的・警察的措置であるが、その目的はより緩やかな規制手段によっても十分達成できるため、必要かつ合理的な規制ということはできず、違憲であるとした（最大判昭50年4月30日）。

正答　1

▶問題9 思想及び良心の自由に関する記述として、妥当なのはどれか。

1 思想及び良心の自由には、特定の思想及び良心を持つことを禁止または強制されないことのみならず、思想及び良心についての沈黙の自由も含まれる。

2 日本国憲法では、表現の自由のほかに、思想及び良心の自由を保障しているが、思想及び良心の自由は明治憲法下でも保障されていた。

3　思想及び良心の自由は、内心にとどまるものであっても、絶対的な自由
　ではなく、公共の福祉を理由とする制限が許される。
4　思想の自由の保障は原則としていかなる思想にも適用されるが、憲法の基
　本原理そのものを否定しようとする思想については、憲法の保障は及ばない。
5　最高裁は、謝罪広告強制事件において、謝罪広告が単に事態の真相を告
　白し陳謝の意を表明するにとどまる程度であっても、名誉毀損であり、違
　憲であるとした。

解説9

1　**正しい**。沈黙の自由のほかに、憲法では、内心の自由の絶対的保障、思
　想を理由とする不利益取り扱いの禁止などが定められている。
2　**誤り**。前半は正しい。明治憲法において、思想、良心の自由の規定はな
　かった。
3　**誤り**。内心の自由は絶対保障であり、公共の福祉を理由とする制約は認
　められない。
4　**誤り**。後段の記載について、憲法そのものを否定する思想であったとし
　ても、思想の自由の保障は及ぶとされている。
5　**誤り**。最高裁は、謝罪広告も単に事態の真相を告白し陳謝の意を表明す
　る程度であれば合憲であるとした。

正答　1

問題10　憲法の人権規定の外国人に対する適用についての最高裁判所の
判例に関する記述として、妥当なのはどれか。
1　外国人の生存権の保障について、自国民を在留外国人より優先させ、在
　留外国人を福祉的給付の支給対象者から除くことは許されないとした。
2　外国人の政治活動の自由について、外国人の地位にかんがみ認めること
　が相当でないと解されるものを除き、保障されるとした。
3　外国人の選挙権について、定住外国人に地方公共団体における選挙の権
　利を付与しないことは合憲であり、法律で定住外国人に地方公共団体にお
　ける選挙の権利を付与することはできないとした。

4 外国人の入国の自由について、今日の国際慣習法上、外国人に入国の自由を保障することが当然であり、憲法が規定する国際協調主義にかなうとした。

5 外国人登録法で義務付けられていた指紋押捺制度について、何人もみだりに指紋の押捺を強制されない自由を有するとして、指紋押捺制度は違憲であるとした。

解説10

1 **誤り**。判例は、限られた財源下で福祉的給付を行うにあたり、自国民を優先的に扱うことも許されるとして、障害福祉年金の支給対象者から在留外国人を除外することは、立法府の裁量の範囲に属し、憲法に反しないとしている（最判平元年3月2日）。

2 **正しい**。

3 **誤り**。判例は、法律で定住外国人に地方公共団体の長、その他の議員などに対する選挙権を付与することは、憲法上禁止されているものではないとしている（最判平7年2月28日）。

4 **誤り**。判例は、外国人はわが国に入国する自由を保障されているものではないとしている（最大判昭53年10月4日）。

5 **誤り**。判例は、何人もみだりに指紋の押捺を強制されない自由を有し、その保障は在留外国人にも及ぶとしたうえで、外国人登録法で義務付けられていた指紋押捺制度は、在留外国人の管理という立法目的に十分な合理性と必要性があり、方法も許容限度を超えない相当なものであるため、憲法に反しないとした（最判平7年12月15日）。

正答 2

問題11 信教の自由に関する記述として、妥当なのはどれか。

1 信教の自由は日本国憲法で初めて保障されたものであり、明治憲法下では、仏教が国教的地位を占め、国家と宗教は分離されていなかった。

2 信教の自由とは、信仰の自由であって、宗教上の行為の自由や宗教上の結社の自由は含まれない。

3 国は宗教的教育その他いかなる宗教的活動も禁止されているため、宗教

的寛容を養うことを目的とする一般的な宗教に関する教育であっても、国立学校において行うことは許されない。

4　最高裁判所は、津地鎮祭事件の判決で、地鎮祭の目的は世俗的なものとはいえず、地鎮祭は憲法の禁止する宗教的活動に当たるとした。

5　最高裁判所は、愛媛玉串料事件の判決で、県が玉串料等を神社に奉納したことは、社会的儀礼にすぎないものとはいえず、憲法の禁止する宗教的活動に当たるとした。

解説11

1　**誤り**。明治憲法でも信教の自由は保障されていた。日本国憲法では、過去の沿革を踏まえ、個人の信教の自由を厚く保障するとともに、国家と宗教の分離を明確化している。

2　**誤り**。信教の自由には、信仰の自由だけでなく、宗教的行為の自由、宗教的結社の自由が含まれている。なお、宗教的行為の自由は信仰の自由と異なり、公共の福祉の観点から一定の制約を受けるとされている。

3　**誤り**。憲法が禁止する宗教教育とは、特定の宗派的な教義と結びついた教育のことであり、一般に宗教の研究や宗教的情操を養うための非宗派的な教育までは禁止していない。

4　**誤り**。最高裁判所は、津地鎮祭事件において、工事の無事安全を願う儀礼については、専ら世俗的なものであり、憲法第20条第3項で禁止される宗教的活動には当たらず、合憲であるとした（最大判昭和52年7月13日）。

5　**正しい**。最高裁判所は、愛媛玉串料訴訟において、神社への玉串料等の支出は、その目的が宗教的意義を持つことを免れず、その効果が特定の宗教に対する援助、助長、促進になるとして、憲法第20条第3項の禁止する宗教的活動に当たるとした（最大判平成9年4月2日）。

正答　5

問題12　社会権に関する記述として、妥当なのはどれか。

1　社会権は、国家が個人の領域に対して権力的に介入することを排除して、個人の自由な意思決定と活動を保障する人権である。

2 最高裁判所は、朝日訴訟の判決で、生存権を規定する憲法第25条第1項によって保障される健康で文化的な最低限度の生活水準は、客観的に決定することができるため、厚生大臣の裁量の余地はないものとした。

3 環境権は、環境破壊を予防し、排除することを保障したものであり、最高裁判所は、大阪空港公害訴訟において、初めて環境権に基づく妨害排除請求権を認め、航空機の夜間離発着の差し止め請求を容認した。

4 教育を受ける権利は、子女に教育を受けさせる義務を国民に課すとともに、義務教育の無償化を定めたものであり、最高裁判所は、国は義務教育について、授業料を含む一切の費用を無償にしなければならないとした。

5 労働基本権は、労働者の生存権の保障を目指したものであり、労働基本権は国に対して適用されるだけでなく、使用者と労働者という私人間の関係にも直接適用される。

解説12

1 **誤り**。社会権は、資本主義の高度化に伴って生じた失業・貧困・労働条件の悪化などの弊害から、社会的・経済的弱者を守るために保障されるに至った20世紀的な人権である。設問の説明は自由権に関するものである。

2 **誤り**。最高裁判所は、朝日訴訟において、何が健康で文化的な最低限度の生活であるかの認定判断は、厚生大臣の合目的的な裁量に委ねられているとした（最大判昭和42年5月24日）。

3 **誤り**。環境権は憲法第25条も根拠となると考えられているが、環境権という名の権利を真正面から承認した最高裁判所の判例はない。

4 **誤り**。最高裁判所は、無償の範囲について、教育提供に対する対価である授業料を徴収しないことを意味すると解している（最大判昭和39年2月26日）。なお、法律により、教科書は無償で配布されている。

5 **正しい**。労働基本権は、具体的に団結権、団体交渉権、団体行動権の三つからなり、いわゆる労働三権といわれている。この労働基本権は、使用者対労働者という関係において、労働者の権利保護を目的としており、私人間の関係にも直接適用される。

正答 5

第3節 行政法

　平成18年度以降、行政法は都職員に特に必要な基礎知識として出題数が大幅に増加しました。苦手意識を持つ人もいると思いますが、業務を進める上で行政法の知識は役立ちます。前向きに取り組みましょう。出題分野が比較的絞られ、効率的に学習することで得点源となります。

　近年、いくつかの法令改正が行われ、新たな最高裁判所の判例も出ているので、条文や参考書、問題集等を活用する場合は、これらの内容が反映されているかを確認してください。

出題傾向と勉強法

　傾向として行政行為、その他の行政行為、行政上の強制措置、行政上の不服申し立て、行政事件訴訟からの出題が多く、条文や基礎的知識を理解していれば対応できます。重要な事項は、繰り返し出題されています。過去の主任試験における出題分野は44ページの表のとおりです。

　平成29年度からは、Ⅰ類事務では55問中10問、Ⅰ類技術では45問中6問の出題となりました。試験対策の観点で見れば、基本書から学習を進めることは、必ずしも効率的な学習法とは言えません。問題演習を中心とした勉強をお勧めします。ただし、問題を解いた後は必ず解説を精読し、不明確な点は判例付き六法や基本書で確認しておきましょう。全ての選択肢について、なぜ正解なのか、誤りなのかを検証することで実力がつきます。

参考図書

　問題集を何冊もこなす必要はありません。1冊の問題集を繰り返し解いた方が確実に知識が身に着きます。本番までに3回解き、知識を吸収できれば

合格レベルに達するでしょう。

　以下に代表的な問題集・参考書を例示します。書店で手にとり、自分の学習スタイルに合うものを選んでください。なお、問題数は100問以上のものであれば十分です。

○問題集

・『行政法実戦150題』都政新報社

・『行政法101問』学陽書房

○参考書

・『行政法〈第6版〉』櫻井敬子・橋本博之 著、弘文堂

分野		年度 18	19	20	21	22	23	24	25	26	27	28	29	30	R1	R2
行政法の基本構造	行政法の法源		○		○	○				○			○			○
行政組織	行政機関の種類		○		○			○			○		○		○	
	行政庁の権限の委任、代理、専決						○						○			
行政立法	行政立法			○				○			○			○		
行政手続・情報公開	申請に対する処分の手続			○						○		○				
	不利益処分の手続						○									
	情報公開								○			○				
行政行為	行政行為の効力			○					○			○				○
	行政行為の種類												○			
	行政行為の学問上の分類	○			○											
	無効な行政行為等				○						○					
	行政行為の瑕疵		○						○			○				
	行政行為の取消しと撤回	○			○			○			○					
	行政行為の附款			○				○				○		○		
	行政裁量												○			
	裁量行為															
その他の行政行為	行政計画		○				○			○			○			○
	行政契約	○		○				○			○					○
	行政指導	○			○			○				○	○			
	行政手続法												○	○		
行政上の強制措置・制裁措置	行政上の代執行				○			○			○			○		
	即時強制	○			○		○		○							○
	行政罰		○	○						○			○			
	行政上の強制執行と行政罰															○
行政処分等に関する補償	公権力の行使に基づく損害賠償	○		○			○			○						
	公の営造物の設置又は管理の瑕疵に基づく損害賠償				○						○		○			
	損失補償		○					○			○			○		
行政上の不服申立て	行政不服審査法に定める不服申立て				○	○						○	○			
	行政不服審査法に定める教示	○			○			○					○			
	行政不服審査法に定める裁決															
	行政事件訴訟法に定める執行停止		○					○			○					○
	行政不服審査法に定める異議申立て											○				
行政事件訴訟	行政事件訴訟の種類			○				○							○	○
	行政事件訴訟法に定める抗告訴訟		○				○				○		○	○		
	行政事件訴訟法に定める取消訴訟	○			○				○					○		

44

問題1 　行政法の法源に関する記述として、通説に照らし妥当なものはどれか。

1　慣習法とは、多年の慣習が一般国民の法的確信を得て法的規範として承認されたものであり、民法の法源となるが、行政法の法源となる余地は一切ない。

2　命令は、法律の個別的かつ具体的な委任に基づいて、法律の内容を補充し具体化する定めにすぎないため、行政法の法源とは認められない。

3　条約は、国家間の国際法上の権利義務を定める約定であるが、その内容が国内行政について規律するものであるときは、それが公布、施行されることによって国内法としての効力を持つことになり、行政法の法源となる。

4　判例法とは、裁判所において同一内容の判決が繰り返されると、その内容が法として承認されるものであり、行政法規に関して判例で示された法解釈は、以後、類似の法律関係を規律する行政法の成文法源となる。

5　条理法とは、一般社会の正義心においてかくあるべきものと認められたものであり、行政法の法源として重要な意義を持つため、行政法における依拠すべき公法法規及び解釈基準として全ての行政法規に優位する。

解説1

1　**誤り**。慣習法は不文法として行政法の法源の一つを構成する。

2　**誤り**。命令は行政機関が制定する法であり、行政法の法源の一つである。

3　**正しい**。

4　**誤り**。判例法は成文法ではなく不文法である。

5　**誤り**。条理は法の一般原則として行政法の法源となる不文法であるが、法の欠缺の際に登場する最終的な法源であって、全てに優位するわけではない。

正答　3

問題2 　権限の委任、権限の代理、専決及び代決に関する記述として、妥当なのは次のどれか。

1　専決は、本来の行政庁の権限を下級の補助機関が一時、代わって決裁することを言い、当該所掌事務にかかる最終的決定権は委譲されない。

2　権限の法定代理は、法定の事実の発生に基づいて代理者が本来の行政庁の権限を当然に代わってなすことを言い、必ず法令の根拠を要する。

3　権限の委任は、行政庁が自己に与えられた権限の全部またはその主要部分を他の機関に委譲して行わせることを言い、必ずしも法令の根拠を要しない。

4　代決は、本来の行政庁が下級の補助機関に事務処理の決定を委ねることを言い、対外的には本来の行政庁の名ではなく、当該補助機関の名で表示される。

5　権限の授権代理は、本来の行政庁が他の機関に自己を代理して全ての権限を行使できる地位を与えることを言い、必ず法令の根拠を要する。

解説2

1　**誤り**。事務処理に関する権限は、補助機関が行政庁の名において行使する。これは権限の代理の説明である。

2　**正しい**。

3　**誤り**。委任は行政庁の権限の変更であるため、法令の根拠が必要である。

4　**誤り**。対外的効果は、本来権限の属する行政庁の名による。これは権限の委任の説明である。

5　**誤り**。授権代理の場合は、当該行政庁の本来の権限は移転しないので、法的根拠は不要である。

正答　2

問題3
申請に対する処分に関する記述として、行政手続法上、妥当なのはどれか。

1　行政庁は、申請を拒否する処分を行う場合は、拒否処分に慎重を期すため、申請者に対し、必ず書面で通知しなければならない。

2　行政庁は、申請がその事務所に到達してから当該申請に対する処分を行うまでに通常要すべき標準的な処理期間を定めるよう努めなければならない。

3　行政庁は、申請により求められた許認可に対する審査基準を定めた場合

は、行政上特別の支障があるときを除き、法令により当該申請の提出先とされている機関の事務所において、審査基準を公にするよう努めなければならない。

4 　行政庁は、申請が法令に定める形式上の要件に適合しない場合、当該申請により求められた許認可を拒否することができず、申請者に対し、速やかに当該申請の補正を求めなければならない。

5 　行政庁は、申請を拒否する処分を行う場合は、申請者に対し、あらかじめ意見陳述または弁明の機会を与えなければならない。

解説3

1 　**誤り**。申請を拒否する処分は、書面で行うことを義務づけられていない（行政手続法第8条）。

2 　**正しい**。

3 　**誤り**。審査基準は、公にすることが義務づけられている（行政手続法第5条）。

4 　**誤り**。法令に定められた形式上の要件に適合しない申請については、補正を求めるか、または許認可等を拒否しなければならない（行政手続法第7条）。

5 　**誤り**。申請を拒否する処分を行う場合、意見陳術または弁明の機会の付与は、義務づけられていない。義務づけられているのは、不利益処分を行う場合である（行政手続法第13条）。

正答　2

問題4　　行政法の特色について述べた記述として、妥当なのはどれか。

1 　行政主体は、法律が定めるところにより、公権力によって国民に行政法上の義務を履行させ、もしくは履行したのと同様の状態を実現させ、または行政上必要な状態を直接に実現しうる。

2 　公権力の発動たる作用に基づいて生じた損害については、民事法上の不法行為責任の規定が原則として適用される。

3 　行政法とは、行政の作用や行政主体の組織を規律する全ての法を含んだものである。

4　実定法上、行政目的の達成に必要な種々の特別な定めを設け、特別の法
　　的な取り扱いを認める例は少ない。
5　行政主体の公権力の発動は、それが法律に違反する場合においても、当
　　然に一応適法の推定を受け、相手方を拘束する。

解説 4

1　**正しい**。行政行為の自力執行力についての記述である。
2　**誤り**。国家賠償等の特別な定めや、損失補償制度など、民事法上の原則
　　に対して特例が認められる。
3　**誤り**。行政主体の作用全てに行政法関係が成立するわけではない。むし
　　ろ、行政活動を規律する法のなかから、民事法、刑事法を除き、行政関係
　　に特有な法だけが特に行政法といえる。
4　**誤り**。行政は、全体として公益の優先性を実現すべきであり、実定法
　　上、行政目的達成に必要な種々の規定や特別の法的取り扱いを認める例が
　　少なくない。
5　**誤り**。行政行為の公定力に関する記述だが、行政主体の公権力について
　　は、当然に認められるものではなく、重大かつ明白な瑕疵がある場合には
　　無効である。

正答　1

問題 5　行政行為の効力に関する記述として、妥当なのはどれか。

1　　行政行為の執行力とは、行政行為によって命ぜられた義務を相手方が履
　　行しない場合に、行政庁が裁判の判決により債務名義を得た上で、義務の
　　履行を強制し義務の内容を実現することができる効力をいう。
2　　行政行為の不可争力とは、行政行為に重大かつ明白な瑕疵ある場合であ
　　っても、法定期間を経過すると、相手方からは当該行政行為の効力を争う
　　ことができない効力をいう。
3　　行政行為の不可変更力とは、正当な権限を有する機関がいったん行った
　　以上、自ら変更することができない効力をいうが、審査請求の裁決や再調
　　査の請求に対する決定などの争訟裁断行為には認められない。

4　行政行為の拘束力とは、行政行為がその内容に応じて相手方や行政庁を拘束する効力をいうが、行政行為に重大かつ明白な瑕疵ある場合には、その効力は生じない。

5　行政行為の公定力とは、正当な権限を有する機関によって取り消されるまでは、当事者間によって有効な推定を受ける効力をいうが、第三者にその効力は及ばない。

解説 5

1　**誤り**。行政行為の執行力とは、行政行為によって命ぜられた義務を国民が履行しない場合に、行政庁が裁判の判決により債務名義を得ることなく、義務の履行を強制し、義務の内容を実現することができる効力をいう。

2　**誤り**。行政行為の不可争力とは、法定期間を経過すると、相手方からは当該行政行為の効力を争うことができない効力をいう。しかし、重大かつ明白な瑕疵があり、当然に無効となる行政行為には不可争力は生じない。

3　**誤り**。行政行為の不可変更力とは、正当な権限を有する機関がいったん行った以上自ら変更することができない効力をいい、一般に審査請求の裁決や再調査の請求に対する決定など紛争を解決するための裁断行為に認められる。

4　**正しい**。行政行為の拘束力とは、行政行為がその内容に応じて相手方や行政庁を拘束する効力をいう。しかし、重大かつ明白な瑕疵があり、当然に無効となる行政行為には拘束力は生じない。

5　**誤り**。行政行為の公定力とは、正当な権限を有する機関によって取り消されるまでは、当事者間によって有効な推定を受ける効力をいい、相手方はもちろん、第三者にもその効力が及ぶ。

正答　4

問題 6　行政行為の撤回に関する記述として、妥当なのはどれか。

1　行政行為の撤回は、有効に成立している行政行為について、その成立に瑕疵があることが明らかとなったため、成立時に遡及して効力を失わせるものである。

2 行政行為の撤回は、有効に成立している行政行為について、将来に向かってその効力の失われたことを宣言するものであり、上級庁のみが撤回する権限を有する。

3 行政行為の撤回は、瑕疵なく成立した行政行為について、行政行為の相手方の死亡などにより自然に効力が失われたため、将来に向かってその効力が失われたことを宣言するものである。

4 撤回は、行政行為が争訟手続きを経て行われるなど、確定力またはこれに準ずる効力を生じない限り自由に認められる。

5 撤回に際しては、権利または利益を付与する行政行為については、公益上の必要がある場合においても、その財産上の損失について相当の補償を要する。

解説6

1 **誤り**。行政行為の撤回とは、行政行為の適法な成立後、公益上の理由が生ずるなどの後発的な事情の変化により当該行為を維持することが必ずしも適当でなくなった場合に、これを将来的に無効とすることである。

2 **誤り**。撤回は処分庁だけがなしうるものとされているので、上級庁のみが撤回する権限を有するという点で誤り。監督庁は、処分庁に撤回を命じることは可能であるが、その場合も実際に撤回するのは処分庁となる。

3 **誤り**。行政行為の相手方の死亡などにより自然に効力を失う場合は、「行政行為の失効」となり撤回の説明としては正しくない。

4 **誤り**。国民に権利を与え、または義務を免ずる行為の撤回は、公益上必要な場合及び必要な限度に限る。

5 **正しい**。憲法29条の趣旨からも、撤回によって生じる不利益に対する財産上の損失には相当な補償を与えるべきとされている。

正答 5

問題7 　行政法学上の行政計画に関する記述として、妥当なのはどれか。

1 行政計画の種類を法律の根拠の有無を基準にして分類すると、法制上の計画と事実上の計画に分けられるが、事実上の計画の例としては、政府が

定める環境基本計画がある。

2　行政計画の策定に関して行政手続法は、行政庁の恣意を防止し行政計画の正当性を確保するため、意見書の提出や公聴会の開催及び審議会への諮問といった一般的手続きを定めている。

3　行政計画の種類を法律上の拘束力の有無を基準にして分類すると、非拘束的計画と拘束的計画に分けられるが、拘束的計画の例としては、都市計画や土地区画整理事業の事業計画がある。

4　行政計画は、実質的に行政活動のみならず民間活動をも指導・誘導する作用を果たしているので、民意を反映させるためにも、必ず地方公共団体の議会の議決を経なければならない。

5　行政計画の種類を内容の具体性を基準にして分類すると、行政の目標を示す目標計画と、事業の具体的内容を示す実施計画に分けられるが、実施計画の例としては、マスター・プランある。

解説7

1　**誤り**。環境基本計画は、環境基本法を根拠規定とする計画である。

2　**誤り**。行政手続法には、計画策定手続きに関する規定はない。

3　**正しい**。

4　**誤り**。必ず議会の議決を得なければならないわけではない。

5　**誤り**。マスター・プランは、事業実施の指針となる基本計画である。

正答　3

問題8
行政契約に関する記述として、妥当なのはどれか。

1　行政契約は、給付行政の分野だけでなく、規制行政の分野においても用いられ、その例として、公害防止協定がある。

2　行政契約は、行政主体が当事者となることから、公法上の契約に限定されており、私法である民法や商法が適用されることはない。

3　行政契約は、行政主体が行政目的達成の手段として締結する契約であり、締結には、必ず法律の根拠が必要である。

4　行政契約は、行政処分を行う場合と異なり、契約締結に当たって、平等

原則や比例原則など法の一般原則が適用されない。

5 行政契約は、当事者の反対方向の意思表示の合致により成立する法行為であり、その例として、地方公共団体の組合設立行為がある。

解説8

1 **正しい**。地方公共団体が事業者と締結する公害防止協定や開発協定は、規制行政の手段に関わる契約である。

2 **誤り**。行政契約は私法上の契約と本質を異にしないので、原則として私法（民法・商法）が適用される。しかし、公益と密接な関係を有するときは、私法がそのまま適用されず、公法が適用される。

3 **誤り**。行政契約とは、行政主体が行政目的達成の手段として締結する契約であるが、原則として法律の根拠を必要としない。

4 **誤り**。平等原則や信義誠実の原則などの法の一般原則を示すものや、民法の期間に関する規定など法の技術的約束を示す私法規定は、原則として行政契約に適用される。

5 **誤り**。前半は正しいが、地方公共団体の組合設立行為は行政契約ではない。

正答　1

問題9　行政指導に関する記述として、行政手続法上、妥当なのはどれか。

1 行政指導に携わる者は、行政指導を行うに当たっては、その相手方に対して、当該行政指導の趣旨及び内容並びに当該行政指導の責任者を明確に示さなければならない。

2 申請の内容の変更を求める行政指導にあたっては、行政指導に携わる者は、申請者が当該行政指導に従う意思がない旨を表明した場合であっても、公益上の必要性があるときは、当該行政指導を継続して行わなければならない。

3 同一の行政目的を実現するため、一定の条件に該当する複数の者に対し、行政指導を行う場合であっても、行政指導は、個々の相手方に対して行うものであるので、その内容について、指針を定める必要はない。

4　行政指導とは、行政機関がその任務または所掌事務の範囲内において一定の行政目的を実現するため、特定の者に一定の作為を求める指導、勧告、助言などの行為をいい、一定の不作為を求める行為はこれに含まない。

5　行政指導が口頭でされた場合、その相手方から当該行政指導の趣旨及び内容並びに責任者を記載した書面の交付を求められたときは、行政上特別の支障があることを理由に、これを拒否することができない。

解説9

1　**正しい**。このほかに、行政指導を行う際に、行政機関が許認可等をする権限または許認可等に基づく処分をする権限を行使しうる旨を示すときは、併せて根拠法令や理由を示さなければならない（行政手続法第35条）。

2　**誤り**。申請の取り下げまたは内容の変更を求める行政指導において、行政指導に携わる者は、申請者が当該行政指導に従う意思がない旨を表明したにもかかわらず、行政指導を継続すること等により申請者の権利の行使を妨げてはならない（行政手続法第33条）。

3　**誤り**。同一の行政目的を実現するため一定の条件に該当する複数の者に対し行政指導をしようとするときは、行政機関は、あらかじめ事案に応じ、行政指導指針を定め、行政上特別の支障がない限り、これを公表しなければならない（行政手続法第36条）。

4　**誤り**。不作為を求める行為も含む（行政手続法第2条6号）。

5　**誤り**。行政指導が口頭でされた場合に、その相手方から行政指導の趣旨、内容、責任者について記載した書面の交付を求められたときは、当該行政指導に携わる者は、行政上特別の支障がない限り、これを交付しなければならない（行政手続法第35条2項）。

正答　1

問題10

行政手続法または東京都行政手続条例に関する記述として、妥当なのはどれか。

1　地方公共団体の機関が行う処分については、法律に基づくものに限らず、独自に条例または規則に処分の根拠規定をおくものにも、行政手続法

の規定が適用される。

2　行政手続法における処分とは、人の権利義務に直接具体的な効果を及ぼす行為をいい、私法上の契約、公法上の管理行為及び地方議会の議決が含まれる。

3　東京都行政手続条例は、条例による事務処理の特例制度に基づき、区市町村が都知事の権限に属する事務を処理する場合においても適用される。

4　地方公共団体の機関が行う行政指導については、行政手続法の規定が適用されるが、地方公共団体は、条例で事項を特定することにより、同法の規定の全部または一部を適用しないことができる。

5　国の機関または地方公共団体若しくはその機関に対する処分のうち、これらの機関または団体がその固有の資格において当該処分の名あて人となるものについては、行政手続法の規定は適用されない。

解説10

1　**誤り**。地方公共団体の機関が行う処分で、条例または規則に処分の根拠規定をおくものは、行政手続法の適用除外とされている（行政手続法第3条3項）。

2　**誤り**。行政手続法上の処分の概念は、行政事件訴訟法に定める処分と同様に考えてよく、私法上の契約といったものは、処分には該当しない（行政手続法第2条2号）。

3　**誤り**。条例による事務処理特例制度により区市町村が処理することとされた事務は、事務を規定している都道府県の条例、規則を除き、当該区市町村の条例、規則が適用となる（地方自治法第252条の17の3、平11.9.14通知）。

4　**誤り**。地方公共団体の機関が行う行政指導は、行政手続法の適用除外とされている（行政手続法第3条3項）。

5　**正しい**（行政手続法第4条1項）。

正答　5

問題11　行政代執行法に定める代執行に関する記述として、妥当なのは

どれか。

1　代執行は、法律により直接命じられた義務に限り、義務者が履行しない
場合に行うことが認められるものであり、法律の委任に基づく命令、規則
及び条例によって命じられた義務を義務者が履行しない場合には行われる
ことはない。

2　代執行の費用は、義務者本人から徴収することができるが、義務者が納
付しない場合に、強制徴収することはできない。

3　代執行は、代替的作為義務について義務者がこれを履行しない場合、他
の手段によってその履行を確保することが困難であり、かつその不履行を
放置することが著しく公益に反すると認められるときに行うことができ
る。

4　代執行は、行政庁自ら行うことを基本としているため、第三者に行わせ
ることができない。

5　行政庁は代執行を行う場合、代執行を行う旨の戒告及び代執行令書によ
る通知を義務者にあらかじめ行う必要があり、その通知をしなければ代執
行を行うことができない。

解説11

1　**誤り**。代執行とは、代替的作為義務について、義務者が自ら履行しない
場合に、行政機関が義務者に代わって義務を実現する手段であり、法律だ
けでなく、法律の委任に基づく命令、規則及び条例により直接命ぜられる
場合も含んでいる（行政代執行法第2条）。

2　**誤り**。代執行の費用は、義務者本人から徴収することができ、義務者が
納付しない場合には、国税滞納処分の例により、強制徴収することができ
る（同法第6条第1項）。

3　**正しい**。代執行は、代替的作為義務について義務者がこれを履行しない
場合、他の手段によってその履行を確保することが困難であり、かつその
不履行を放置することが著しく公益に反すると認められるときに行うこと
ができる（同法第2条）。そのため、予防接種を受ける義務など他人が代
わってすることのできない義務は対象とならない。

4　**誤り**。代執行は、行政庁自ら行うほか、第三者にこれを行わせることが

できる（同法第2条）。

5 **誤り**。代執行を行うには代執行の実施を予告する戒告を行い（同法第3条第1項）、戒告で示された履行期限までにその義務の履行がないときは、代執行令書をもって代執行をなすべき時期、代執行の責任者等を通知する必要がある（同条第2項）が、非常の場合または危険切迫の場合において、当該行為の急速な実施について緊急の必要があり、通知を行う暇がないときは、例外的に省略することができる（同条第3項）。

正答　3

問題12 行政罰に関する記述として妥当なのは、次のどれか。

1 行政罰は、刑事罰と異なり、罰の対象となる行為が反社会的及び反道義的な性質を有しないことから、刑法総則が適用されることはない。

2 行政罰は、将来にわたり行政上の義務の履行を確保するために科されるのに対し、執行罰は、過去の行政執行にかかわる義務違反に対する制裁として科される。

3 行政罰は、法人に対する処罰や違反行為者だけでなく、その使用者及び事業主をも罰する両罰主義を採用している。

4 行政罰とは、公務員の職務上の義務違反等に対し、公務員関係における秩序を維持するために裁判により科する処分をいう。

5 行政上の秩序罰は、行政上の軽微な義務違反行為に対して科されるもので、抑留及び科料の2種類がある。

解説12

1 **誤り**。行政罰のうち、行政刑罰は、刑法に刑名のある刑罰を科するものであることから、法令に特別の定めがある場合のほかは刑法総則の適用があり、裁判所が刑事訴訟法等の手続きに従って科すこととなる。

2 **誤り**。行政罰は過去の行政法上の義務違反に対する制裁として科せられるものであり、執行罰は、将来にわたり義務の履行を強制するための制裁である。執行罰は砂防法36条に規定がある。

3 **正しい**。行政罰は、行政法上の義務違反に対する取り締まりという見地

からなされるものであり、犯人の教育や道義的責任の追及のために行われるものではない。そのため、違反者だけでなく、その使用者等を罰する両罰主義が採用されている。

4　**誤り**。公務員の職務上の義務違反等に対し、公務員関係における秩序を維持するために科する処分を「懲戒罰」という。

5　**誤り**。行政上の秩序罰は行政上の義務違反ではあるが、形式的なもので直接的には社会的法益を侵害し、住民の生活に悪影響をもたらさない軽微な違反行為に対して科される制裁であり、戸籍法の義務を怠った場合などの過料がある。

正答　3

問題13　国家賠償法に定める公権力の行使に基づく損害賠償責任に関する記述として妥当なのは、次のどれか。

1　国家賠償法1条第1項の違法性に関して、規制権限の不行使は当該権限を定めた法令の趣旨、目的やその権限の性質等に照らし、具体的事情の下において、その不行使が許容される限度を逸脱して著しく合理性を欠くと認められるときでも違法となることはない。

2　国または公共団体は、損害を加えた公務員の過失が軽過失の場合であっても、当該公務員に対して求償権を行使することができる。

3　司法警察員による被疑者の留置について、違法となることはなく、損害を受けた者は、国家賠償法に基づく損害賠償を請求することはできない。

4　公権力の行為に当たる公務員が職務外において加えた損害について、外形上職務を行うように見えた場合には国家賠償法が適用されるとした判例が存在する。

5　国家賠償法によって国または公共団体が賠償責任を負う「損害」には、生命や財産に関するものは含まれるが、精神的損害はその範囲の確定が困難であるので「損害」には含まれない。

解説13

1　**誤り**。国家賠償法1条第1項の違法性に関して、規制権限の不行使は当

該権限を定めた法令の趣旨、目的やその権限の性質等に照らし、具体的事情の下において、その不行使が許容される限度を逸脱して著しく合理性を欠くと認められるときは、その不行使により被害を受けたものとの関係において、国家賠償法1条1項の適用上違法となると判例はしている（最判平成16年4月27日）。

2　**誤り**。国家賠償法第1条第2項では、「公務員に故意または重大な過失があったときは、国または公共団体は、その公務員に対して求償権を有する」とされており、軽過失の場合は求償権を有しない。

3　**誤り**。判例は、司法警察員による被疑者の留置について、留置時において合理的根拠が客観的に欠如していることが明らかであるにもかかわらず、あえて留置したと認め得るような事情がある場合に限り違法となるとしているので、損害賠償請求できる場合がある（最判平成8年3月8日）。

4　**正しい**。職務外の行為であっても、それが外形上職務執行行為と認められるものについては、いわゆる外形主義の理論により国家賠償法が適用されるとした最高裁判所の判例（最判昭和31年11月30日判決）がある。

5　**誤り**。判例は国家賠償法上の「損害」には精神的損害も含まれるとしている（最判平成3年4月26日）。

正答　4

問題14　国家賠償法に定める公の営造物の設置または管理の瑕疵に基づく損害賠償に関する記述として妥当なのは、次のどれか。

1　国家賠償法2条の「設置または管理」に該当するには、法律上の管理権ないしは所有権等の法律上の権限を有することが必要であり、事実上管理している状態はこれにあたらない。

2　国家賠償法2条にいう「公の営造物」とは、いわゆる公物のうち、道路、公園などのように行政主体において、人工を加え、かつ、意思的にこれを公の用に供することにより初めて公物となる人工公物のことをいい、河川、海岸などの自然公物が公の営造物となることはない。

3　本来の用法であれば損害が生じないはずであるのに、これによらなかったため被害が発生した時には、設置・管理の瑕疵は認められない。

4　国家賠償法2条1項の営造物の設置または管理の瑕疵とは、営造物が通

常有すべき安全性を欠いていることをいい、これに基づく国及び公共団体の責任についてはその過失の存在を必要とする。

5　道路の設置・管理に瑕疵があり損害を与えたとしても、財政上の困難を理由として損害賠償責任を免れることができる。

解説14

1　**誤り**。判例は「設置または管理」とは、法律上の管理権ないしは所有権等の法律上の権限を有することを必要とせず行政主体が事実上管理している状態があれば良いとしている（最判昭和59年11月29日）。

2　**誤り**。公の営造物とは、国または公共団体により直接に公の目的に供されている有体物をいい、不動産のみでなく動産も含む。また、道路に代表される人工公物、河川、海、湖沼などの自然公物の両方を含む。

3　**正しい**。判例は、道路の防護柵に乗ったり腰掛けたりして遊んでいた児童が転落した事故につき、防護柵の通常の用法に即しない異常な用法であったとして、瑕疵を否定している（最判昭和53年7月4日）。

4　**誤り**。判例によれば、国家賠償法2条1項の営造物の設置または管理の瑕疵とは、営造物が通常有すべき安全性を欠いていることをいい、これに基づく国及び公共団体の責任についてはその過失の存在を必要としないとしている（最判昭和45年8月20日）。

5　**誤り**。判例は「予算措置に困却するであろうことは推察できるが、それにより直ちに道路の管理の瑕疵によって生じた損害に対する賠償責任を免れ得るものと考えることはできない」としている（最判昭和45年8月20日）。

正答　3

問題15

自治体における行政不服審査制度について述べた次のうち、妥当でないのはどれか。

1　第三者機関の設置について、国の場合は審理員による審理に加え、行政不服審査会等の第三者機関を置き、諮問が原則として義務付けられているが、地方公共団体についても、このような第三者機関の設置が求められている。

2 　市町村長が行う法定受託事務については、法令の適正な執行を確保する
責務を負う立場にある者による審査の機会を確保するという趣旨から、審
査請求の相手方は都道府県知事とするという特別の定めが置かれている。
3 　審査庁は処分庁の最上級行政庁とされるのが原則であり、「条例に基づ
く処分」の場合であっても、条例で特別の定めを置くことはできない。
4 　審理員は手続きを公正にするという観点から設けられる制度であるの
で、第三者機関が審査庁であるなどの場合にはこれを採用しないことが認
められている。
5 　市町村長や福祉事務所長による生活保護の申請に対する決定に対して不
服がある場合は、都道府県知事に対して審査請求することが可能である。

解説15

1 　**正しい**。地方公共団体の場合にも、基本的には「執行機関の付属機関」
として第三者機関を置くことが求められている（行服法81条1項）。条例
で定めるところにより、事件ごとに臨時に置くことができるとされる（同
法81条2項）。
2 　**正しい**。市町村長が行う法定受託事務の場合、都道府県知事は市町村長
の上級行政庁ではなく、法律に特別の定めがなければ、審査請求の相手方
は市町村長である（行服法4条1項）。しかし、市町村長が行う法定受託
事務については、法令の適正な執行を確保する責務を負う立場にある者に
よる審査の機会を確保するという趣旨から、審査請求の相手方は都道府県
知事とするという特例の定めが置かれている（自治法255条の2）。
3 　**誤り**。審査すべき行政庁は行服法4条では「審査請求は法律（条例に基
づく処分については、条例）に特例の定めがある場合を除くほか、次の各
号に掲げる場合の区分に応じ、当該各号に定める行政庁に対してするもの
とする」と明記している。
4 　**正しい**。行服法9条1項ただし書きには「次の各号のいずれかに掲げる
機関が審査庁である場合若しくは条例に基づく処分について条例に特別の
定めがある場合または第24条の規定（審理手続きを経ないでする却下裁
決）により当該審査請求を却下する場合は、この限りでない」とある。
5 　**正しい**。行政処分または（処分の）不作為に対して不服がある場合に

は、国民は審査請求をすることができる。審査請求は、原則として処分を
した（または不作為）行政庁の最上級庁（国の場合には各大臣、地方公共
団体の場合には都道府県知事の場合が多い）に対して行う。生活保護の処
分権限は地方公共団体にあり、都道府県知事に対して行う。

正答　3

問題16　行政不服審査法について、妥当でないのはどれか。

1　審査請求の対象は、処分・不作為であり、審査請求ができるのは、その
適格が認められるものに限られる。

2　審査請求人の手続きにおいては、処分庁に対する質問ができることが明
文化されているとともに、写しの交付が認められている。

3　不服申し立ての対象は行政庁の処分のみで、不作為は含まれない。

4　不服申し立ては審査請求に一元化されているが、例外として、再調査の
請求と再審査請求が認められる。

5　行政不服審査法は、広く国民に救済を認めるという観点から、法律に例
外の定めのある場合を除き、原則として全ての処分につき不服申し立てを
認める一般概括主義を採用している。

解説16

1　**正しい**。審査請求は誰でもできるものではなく、一定の要件を満たすも
のに限られる。これを審査請求適格（不服申立適格）という。

2　**正しい**。審査請求人及び参加人には、以下の権利が明文上認められてい
る。①口頭意見陳述・質問（行服法31条1項、5項）、②証拠書類等の提
出（同法32条1項）、③物件の提出要求（同法33条）、④参考人の陳述及
び鑑定の要求（同法34条）、⑤検証及び立会いの申し立て（同法35条）、
⑥審理関係人への質問の申し立て（同法36条）、⑦提出書類等の閲覧また
は（写し等の）交付（同法38条1項）。

3　**誤り**。不作為についての審査請求は、行政庁が、法令に基づく申請に対
し、相当の期間内に何らの処分もしない時に提起できるものである（行服
法3条）。

4 **正しい**。法が定める不服申立手続きの種類は①審査請求、②再調査の請求、③再審査請求である。これらのうち、原則となるのは、審査請求である。審査請求とは、行政庁の処分・不作為について、審査庁（原則として、処分庁・不作為庁の最上級行政庁。処分庁不作為庁に上級行政庁がない場合には当該処分庁・不作為庁）に対してする不服申し立てである。再調査の請求とは、処分庁自身がより簡易な手続きで事実関係の調査等をすることにより、処分を見直す手続きである。処分庁以外の行政庁に対して審査請求ができる場合において、個別法が特に定めた場合にのみ許容される（行服法5条1項）。不作為については再調査の請求の対象とはならない。再審査請求とは、審査請求の採決に対してさらにもう一段階の不服を申し立てる手続きであり、個別法が特に定めた場合にのみ許容される（同法6条1項）。また、不作為については、再審査請求の対象とならない。

5 **正しい**。行服法は、処分についての審査請求の対象を「行政庁の処分」（同法2条）、不作為についての審査請求の対象を「行政庁の不作為」（同法3条）と定めた。また、同法7条1項は、処分・不作為について、審査請求できないものを列記しているが、この列記された処分・不作為、行政主体の機関相互間の処分・不作為（同法7条2項）、他の法律に特別の定めのある場合（同法1条2項）を除き、原則として、全ての処分・不作為について法による審査請求が可能である（一般概括主義）。

正答　3

問題17　行政事件訴訟法に定める抗告訴訟に関する記述として、妥当なのはどれか。

1　抗告訴訟とは、行政庁の処分その他公権力の行使にあたる行為の取り消しを求める訴訟をいう。

2　行政事件訴訟法が、抗告訴訟として、処分の取り消しの訴え、採決の取り消しの訴え、無効等確認の訴え、不作為の違法確認の訴え、義務付けの訴え及び差し止めの訴えを列挙しているのは、抗告訴訟として許容されるものをこの6類型に限定する趣旨である。

3　現在アメリカ国籍を有しているものが、出生時の事情から、本当は日本国籍をも有している場合に、日本国籍を有していることを確認してもらう

ためには抗告訴訟を提起すべきである。

4　違法な高さの建物が建築され、日照が遮られている場合に、行政に是正措置をとるよう命じるためには抗告訴訟を提起すべきである。

5　市議会議員選挙の効力に関し、選挙管理委員会に異議を申し出たが棄却された。当該決定に不満がある場合、選挙の無効を求めるためには抗告訴訟を提起すべきである。

解説17

1　**誤り**。行政事件訴訟法3条1項。抗告訴訟とは、公権力の行使に関する不服の訴訟をいう。本肢は処分取り消しの訴えの定義である（同条2項）。

2　**誤り**。行政事件訴訟法3条は、抗告訴訟のうち典型的な6類型を列挙する（法定抗告訴訟）。しかしながら、行政庁の処分その他公権力の行使に関する不服の訴訟は他にもあり得、権利行使の観点から列挙された6類型以外の訴訟類型（法定外抗告訴訟）が認められる余地はあると解されている。

3　**誤り**。本肢のように、国籍の確認を求める訴訟は公法上の当事者訴訟（行政事件訴訟法4条後段）である（最判平9年10月17日）。

4　**正しい**。本肢のように、行政庁に一定の作為を求める訴訟は義務付け訴訟（行政事件訴訟法3条6項）であり、これは抗告訴訟にあたる。

5　**誤り**。本肢のように、選挙人が地方公共団体の議会の議員及び長の選挙の無効を求める訴訟（公職選挙法203条）は、公職選挙に係る訴訟の一つであり、これは民衆訴訟にあたる。

正答　4

問題18　行政事件訴訟法に定める取消訴訟に関する記述として、妥当なのはどれか。

1　裁判所は、処分をした行政庁以外の行政庁を、決定を持って訴訟に参加させることができるが、当該決定に当たっては、あらかじめ当該行政庁のみの意見を聞けば足りる。

2　処分を取り消す判決は、その事件について処分をした行政庁その他の関

係行政庁を拘束するが、第三者に対しては効力が及ばない。

3　行政庁の処分の取り消しを求める訴訟は、当該処分に関し事案の処理に当たった下級行政機関の所在地の裁判所に提起することができる。

4　裁判所は、訴訟の結果により権利を害される第三者がある場合に、当事者の申し立てがなければ、当該第三者を訴訟に参加させることはできない。

5　裁判所は、行政庁の処分が違法であっても、その処分の取り消しにより公の利益に著しい障害を生ずる場合には、終局判決前に判決を持って、処分が違法であることを宣言することはできない。

解説18

1　**誤り**。裁判所は、処分または採決をした行政庁以外の行政庁を訴訟に参加させるときは、あらかじめ当事者及び当該行政庁の意見を聞かなければならない（行政事件訴訟法第23条2項）。

2　**誤り**。第三者に対しても効力を有する（行政事件訴訟法第32条1項）。

3　**正しい**。取消訴訟の管轄は、処分または採決をした行政庁の所在地を管轄する地方裁判所であるが（行政事件訴訟法第12条1項）、処分または採決に関し事案の処理を行った下級行政機関の所在地の地方裁判所にも提起することができる（行政事件訴訟法第12条3項）。

4　**誤り**。当事者若しくはその第三者の申し立てにより、または裁判所の職権により、その第三者を訴訟に参加させることができる（行政事件訴訟法第22条1項）。

5　**誤り**。設問の理由により請求を棄却する場合には、当該判決の主文において処分または採決が違法であることを宣言しなければならないが（行政事件訴訟法第31条1項）、裁判所が相当と認めるときは、終局判決前に、判決をもって処分または採決が違法であることを宣言することができる（行政事件訴訟法第31条第2項）。

正答　**3**

第4節 地方自治制度

　地方自治制度の出題数は、AI類事務が10問、AI類技術は6問です。「都政実務」での地方自治制度関連も含めると、出題数は大きなウエートを占めます。地方公務員として仕事を進めていく上で知識は欠かせません。受験を機に、ぜひ理解を深めてください。

出題傾向と勉強方法

　例年、「財務」と「議会」の出題比率が高く、この二つの分野だけで科目全体の出題数の約半分を占めています。

　過去10年間の分野別出題傾向は表の通りです。一つの問題の中で複数の分野にまたがる知識を横断的に問うものが出題されることがあります。まずは分野ごとの正確な理解に注力しつつ、地方自治制度を全体的に俯瞰できるようにしていってください。

　地方自治制度における問題のほとんどは、地方自治法に関連する知識を問うものになっています。例年の問題を見ると、地方自治法に定められている条文がそのまま正答の選択肢になっていたり、条文の一部を書き換えて誤答の選択肢とするものが多く登場しますので、基本的かつ重要な条文についてはしっかりマスターしてください。

　しかし、地方自治法は1条から299条まで、相次ぐ法改正により後から追加された枝条文まで含めると、約500にも上る条文数で地方自治制度を規定しており、これを完全に網羅することは不可能と言わざるを得ません。

　そこで、主任試験の合格を目指すという観点から考えると、地方自治法の各条を解説している詳細な文献を読み進めるという学習ではなく、頻出分野に的を絞った昇任試験用の問題集を解きながら、参考書や関連する条文などを参照するほうが、学習効率の点で優れています。

地方自治制度の出題実績（過去 10 年間）

出題分野	H23	H24	H25	H26	H27	H28	H29	H30	R1	R2
総則的事項				※			※	○※		
区域・廃置分合等		○			○				○	
住　民										
条例・規則	○	○	○		○	○	○	※	○	
選　挙			○							○
直接請求	○			○	○		○			○
議　会	○○	○○	○○	○○	○	○	○○	○※	○	○
長の地位・権限		○		○	※		○			
補助機関		○	※	○		○				○
長の再議・不信任		○			※			○※		○
長の専決処分	○		○			○			○	
行政委員会		○	○		○			○		
附属機関	○		※		○		○		○	
財　務 （財産・住民監査請求等を含む）	○○	○	○○○	○○	○○○○	○○○○	○○○○	○○○	○○○	○○○
公の施設		○		○		○		○		
国と地方公共団体の関係 条例による事務処理の特例				※		※	※		○	○
大都市に 関する特例						○			○	
外部監査	○				○					○
特別地方公共団体	○					※		○		

※印…同一の設問中に複数の項目が含まれる問題
（H 25：附属機関・補助機関、H 26：自治事務・法定受託事務、H 27：長の再議権、H 28：協力方式、
H 29：自治事務・法定受託事務、H 30：条例案の提案・議決要件・施行期日・長の再議権）

問題 1 　地方自治法に定める地方公共団体の事務に関する記述として、妥当なのはどれか。

1　普通地方公共団体は、法令に違反しない限りにおいて条例を制定することができるが、法定受託事務に関しては、条例を制定することができない。

2　法定受託事務に係る都道府県の執行機関の処分についての審査請求は、他の法律に特別の定めがある場合を除くほか、当該都道府県の知事または当該処分に係る事務を規定する法令を所管する各大臣に対してするものとされる。

3　普通地方公共団体は、自治事務及びその他の事務で法律またはこれに基づく政令により処理されることとされているものを処理することとされており、自治事務の中には法定受託事務も含まれる。

4　第一号法定受託事務とは、地方自治体が処理する事務のうち、国が本来果たすべき役割に係るものであって、都道府県においてその適正な処理を特に確保する必要があるものとして法律またはこれに基づく政令に特に定めるものをいう。

5　各大臣は、所管する法令に係る都道府県の法定受託事務の処理について、都道府県が当該法定受託事務を処理するに当たり、よるべき基準を定めることができる。

解説 1

1　**誤り**。法定受託事務も地方自治体の事務であることから、法令に違反しない限りにおいて条例を制定することができる。

2　**誤り**。法定受託事務については、法令の適正な執行を確保する責務を負う立場にあるものによる審査の機会を確保するという趣旨から、審査請求の相手方は当該処分に係る事務を規定する法律またはこれに基づく政令を所管する大臣のみである。

3　**誤り**。自治事務とは、地方公共団体が処理する事務のうち、法定受託事務以外の事務のことをいう。

4　**誤り**。第1号法定受託事務とは、法定受託事務のうち、国において適正

な処理を特に確保する必要があるものとして法律または政令に特に定める
ものである。

5　**正しい。**

正答　5

問題2　　地方自治法に定める普通地方公共団体の区域に関する記述とし
て、妥当なのはどれか。

1　都道府県の境界は、その境界にわたって市町村の設置または境界の変更
　があったときは、自ら変更する。

2　廃置分合は、普通地方公共団体の新設や廃止を伴わない区域の変更のこ
　とであり、その例として編入や分立がある。

3　普通地方公共団体の区域には、陸地だけでなく河川などの水面も含まれ
　るが、上空は含まれない。

4　境界変更は、普通地方公共団体の新設や廃止を伴う区域の変更のことで
　あり、その例として合体や分割がある。

5　市町村の境界は、その境界に接する関係市町村の協議により、任意に変
　更することができる。

解説2

1　**正しい。**

2　**誤り**。廃置分合は、地方公共団体の新設や廃止を伴う区域の変更である。

3　**誤り**。地方公共団体の区域には、上空、地下も含まれる。

4　**誤り**。境界変更は、地方公共団体の新設や廃止を伴わない区域の変更で
　ある。

5　**誤り**。市町村の境界変更は、関係市町村の申請に基づき、都道府県知事
　が当該都道府県の議会の議決を経てこれを定め、総務大事に届け出る。総
　務大臣の告示により効力を生じる。

正答　1

問題3 　地方自治法に定める規則に関する記述として、妥当なのはどれか。

1　規則は、普通地方公共団体の自治事務に関する基本的事項を定めるものであり、長はその実効性を担保するため罰金を科すことができる。

2　規則は、普通地方公共団体の長がその権限に属する事務に関して制定するものであり、長はその実効性を担保するため過料を科すことができる。

3　規則は、普通地方公共団体の事務の処理に関する一般的な基準を定めるものであり、長はその実効性を担保するため罰金を科すことができる。

4　規則は、普通地方公共団体の長が従来の機関委任事務から法定受託事務に位置づけられたものについて制定するものであり、長は実効性を担保するため罰金を科すことができる。

5　規則は、普通地方公共団体の事務に関して議会がその議決によって制定するものであり、長はその実効性を担保するため罰金を科すことができる。

解説3

1　**誤り**。規則は、長の権限に属する事務について制定され、罰金は規定できない。

2　**正しい**。

3　**誤り**。前段については、そのような規定はない。また、規則には罰金は規定できない。

4　**誤り**。規則は、長の権限に属する事務について制定されるものである。

5　**誤り**。規則は、長が制定する。

正答　**2**

問題4 　地方自治法に定める直接請求に関する記述として、妥当なのはどれか。

1　主要公務員の解職請求は、普通地方公共団体の長に対して行われ、この請求があったときは、長は、意見を附けて議会に付議しなければならず、議員の過半数の同意により、当該公務員は失職する。

2　長の解職請求は、普通地方公共団体の議会の議長に対して行われ、この
　　請求があったときは、議長は、請求の要旨を公表するとともに、議会に付
　　議しなければならない。
3　直接請求は、間接民主制を補完し、住民自治の理念を実現する手段とし
　　て保障されている、住民の参政権である。
4　事務の監査請求の制度においては、住民監査請求の制度とは異なり、監
　　査委員の監査に代えて、外部監査人の監査によることを求めることは認め
　　られていない。
5　条例の制定または改廃の請求は、住民がその総数の50分の1以上の連
　　署をもって行うものであり、この住民には、当該普通地方公共団体の区域
　　に住所を有する者であれば、未成年者も含まれる。

解説 4

1　**誤り**。議会の議員の3分の2以上が出席し、その4分の3以上の同意が
　　あったときに失職する。
2　**誤り**。請求先は、選挙管理委員会である。
3　**正しい**。
4　**誤り**。事務の監査請求、住民監査請求とも、条例で監査委員の監査に代
　　えて個別外部監査契約に基づく外部監査人の監査を求めることができる旨
　　を規定できる。
5　**誤り**。「議会の議員及び長の選挙権を有する者」であり、未成年者等の
　　選挙権を有しないものは含まない。

正答　3

問題 5　普通地方公共団体の議会の解散の請求に関する記述として、

妥当なのはどれか。
1　普通地方公共団体の議会の解散の請求があったときは、当該普通地方公
　　共団体の長は、直ちに請求の要旨を公表するとともに、都道府県にあって
　　は総務大臣、市町村にあっては都道府県知事に報告しなければならない。
2　普通地方公共団体の議会の解散の請求は、当該普通地方公共団体の区域

内で、当該普通地方公共団体議会の議員の一般選挙及び衆議院議員または
参議院議員の選挙のあった日から1年間は行うことができない。

3　選挙権を有する者は、政令の定めるところにより、その総数の3分の1
以上（一部緩和規定あり）の者の連署をもって、その代表者から、普通地
方公共団体の長に対し、当該普通地方公共団体の議会の解散を請求するこ
とができる。

4　普通地方公共団体の議会の解散の請求に関し、政令で定める署名を求め
ることができる期間外の時期に署名を求めた者は、10万円以下の罰金に
処せられる。

5　普通地方公共団体の議会は、選挙人による当該普通地方公共団体の議会
の解散の投票において、有効投票率が投票総数の100分の50を超え、か
つ、有効投票の過半数の同意があったときでなければ解散しない。

解説5

1　**誤り**。選挙管理委員会は、解散の選挙があったときはその要旨を公表
し、解散の投票の結果が判明したときは、請求代表者と議会の議長に通知
し、公表するとともに、都道府県にあっては都道府県知事に、市町村にあ
っては市町村長に報告しなければならない。

2　**誤り**。議会の解散請求は、議員の一般選挙があった日から1年間及び解
散のあった日から1年間は行うことができない。衆議院議員等の選挙があ
るときは、一定期間、署名収集ができなくなるだけである。

3　**誤り**。議会の解散請求は、選挙管理委員会に対して行う。

4　**正しい**。

5　**誤り**。議会が解散するのは、解散の投票において過半数の同意があった
ときであり、有効投票率の要件はない。

正答　4

問題6

地方自治法に定める普通地方公共団体の議会の会議に関する記
述として、妥当なのはどれか。

1　議会は、原則として、議員の定数の半数以上の議員が出席しなければ、

会議を開くことができないとされており、半数以上の議員の中には議長も含まれる。

2 会期中に議決に至らなかった事件は、原則として後会に継続し、閉会中も、委員会において審査することができる。

3 通年を会期とする議会の場合、長は、議長に対し、会議に付議すべき事件を示して定例日以外の日において会議を開くことを請求することができない。

4 議員の定数の4分の1以上の者は、議会運営委員会の議決を経て、長に対し、会議に付議すべき事件を示して臨時会の招集を請求することができる。

5 議会の議事は、原則として、出席議員の過半数でこれを決し、可否同数のときは、議長と副議長の合議で決する。

解説6

1 **正しい**。

2 **誤り**。議会は、会期中に限り、活動能力を有する。また、議会は会期ごとに独立した存在であり、前の会期の意思は、後の会会期には継続しない。

3 **誤り**。長は議長に対し、定例日以外の日において会議を開くことを請求することができるが、この場合は、会議に付議すべき事件を示さなければならない。

4 **誤り**。議員の定数の4分の1以上の者は、当該普通地方公共団体の長に対し、会議に付議すべき事件を示して臨時会の招集を請求することができる。

5 **誤り**。議会の議事は、出席議員の過半数でこれを決し、可否同数のときは、議長が決する。

正答　1

問題7
地方自治法上、普通地方公共団体の議会の議長に関する記述として妥当なのは、次のどれか。

1 議長は、議会において一定数以上の議員により不信任の議決を受けたと

きは、この議決によってその職を失うが、再び議長になる資格まで失うものではない。

2 議長は、病気のため一定期間その職務を遂行できないときは、直ちに議会の許可を得て臨時議長を選任し、その職務を代行させなければならない。

3 議長は、所属していない委員会に必要に応じて出席し発言でき、その発言内容などについて制限を受けず、またこの委員会の採決に加わることができる。

4 議長は、議場の秩序を保持し、議事を整理し、及び議会の意見書の提出や議会に対する請願の受理などにおいて議会を代表する等の権限を有している。

5 議長は、議会閉会中に辞職する場合は副議長に通知して辞職しなければならず、また辞職したときは、当該地方公共団体の長に通知しなければならない。

解説7

1 **誤り**。地方自治法には、議長または副議長に対する不信任議決に対して法律上の効果を付与した規定はないので、自己の意思によって辞職する場合は別として、不信任議決によってその職を失うものではない。

2 **誤り**。議長及び副議長にともに事故があるときは、仮議長を選挙し、議長の職務を行わせる。

3 **誤り**。委員会での議長の発言事項については何ら制限がないので、単に議長としての議事整理権、議会事務統理権等の立場からのみでなく、議事の内容に立ち入って質疑し、意見を陳述することも差し支えない。この場合、議長は、議決権を有しない。

4 **正しい**。

5 **誤り**。議長は、議会閉会中に議員を辞職する場合は副議長の許可を受けるべきであるとされており、副議長への通知ではない。また、長への通知義務はない。

正答　4

問題8　　地方自治法に定める普通地方公共団体及び特別地方公共団体に関する記述として、妥当なのはどれか。

1　特別地方公共団体のうち、指定都市及び中核市の制度は、大都市行政の特殊性に対応するために設けられたものである。

2　国は、その行政機関の長の権限に属する事務のうち広域連合の事務に関するものを、法令の定めるところにより、当該広域連合が処理することができることとすることができる。

3　平成12年4月施行の地方分権一括法による地方自治法の改正により、初めて、市町村は基礎的な地方公共団体として位置づけられた。

4　都道府県は、市町村を包括する広域の地方公共団体であるため、当該都道府県の区域における地方公共団体の事務のうち統一的な処理を必要とするものは、当然都道府県の事務となり、都道府県知事は、一般的に市町村長を指揮監督する。

5　普通地方公共団体、特別区または財産区は、その事務の一部を共同処理するため、一部事務組合を設けることができる。

解説8

1　**誤り**。指定都市または中核市は、特別地方公共団体ではない。

2　**正しい**。

3　**誤り**。地方分権一括法による改正前から、市町村は基礎的な地方公共団体として位置づけられていた。

4　**誤り**。都道府県知事は、一般的に市町村長を指揮監督する権限はない。前半は正しい。

5　**誤り**。財産区は、一部事務組合を構成することはできない。

正答　2

問題9　　地方自治法に定める議会の常任委員会に関する記述として妥当なのは、次のどれか。

1　議長は、いずれの常任委員会にも出席し発言する権能が与えられている

ため、特定の常任委員会の委員となることはできない。

2　常任委員会は、専門的な立場から議案の審査を行うことを目的とするものであり、普通地方公共団体の事務の部門ごとに設けなければならない。

3　会期不継続の原則は、常任委員会にも適用されるため、継続審査に付された事件を次の会期で議決するには、改めて議案提出の手続きを要する。

4　常任委員会は、その部門に属する当該地方公共団体の事務に関して調査することができるが、書面検査や実施監査にわたることはできない。

5　都道府県は、市町村と異なり常任委員会を必置制としているが、常任委員会の数に制限はなく、必要に応じて条例で定めることとされている。

解説9

1　**誤り**。議長は委員会に出席し、発言することができる。委員の選任その他委員会に関し必要な事項は、条例で定めるとしている。

2　**誤り**。常任委員会は、「事務に関する部門ごとにこれを設ける」とされていたが、昭和31年法改正で廃止され、縦割り、横割りのいずれの方式も採用できることとなった。

3　**誤り**。会期不継続の原則の例外として、常任委員会は議会の議決により付議された特定の事件については、閉会中もなお審査することができ、この場合、次の会期に改めて議案提出の手続きを要しない。

4　**正しい**。

5　**誤り**。都道府県も市町村も、常任委員会を設置するか否かは任意であり、数にも制限がない。

正答　4

問題10
地方自治法に定める議会の特別委員会に関する記述として妥当なのは、次のどれか。

1　特別委員会は、議会及び長において選任された委員により構成されるが、その委員は常任委員会の委員と兼ねることができない。

2　特別委員会は、議会の議決により付議された事件について、関係人の出頭または記録の提出を要求するなど必要な調査を行うことはできるが、公

聴会を開くことはできない。

3 特別委員会は、原則として、議会の会期中に限り議会の議決により付議
された事件を審査するが、閉会中の継続審査に付された事件は、閉会中も
審査することができる。

4 特別委員会は、特別の個々の事件を審査するために設けられるが、複数
の常任委員会にまたがる事件については、審査することができない。

5 特別委員会は、議会が規則により設置するもので、議会の運営に関する
事項及び議会の議決により付議された事件を審査する。

解説10

1 **誤り**。委員の選任その他委員会に関し必要な事項は、条例で定めるとし
ている。

2 **誤り**。常任委員会と同様、公聴会を開くことができる。

3 **正しい**。

4 **誤り**。複数の常任委員会にまたがる事件についても設置できる。例とし
て、予算特別委員会、決算特別委員会等がある。

5 **誤り**。特別委員会は、議会が条例により設置するものであり、議会の議
決により付議された事件を審査する。

正答　3

問題11　地方自治法に定める指定都市または中核市に関する記述とし
て、妥当なのはどれか。

1 指定都市は、都道府県が処理することとされている事務の一部を処理す
るが、その事務の処理に関し、都道府県の知事等に代えて国の各大臣の許
可を受けるものとされるなどの関与の特例は設けられていない。

2 指定都市は、政令で指定する人口50万人以上の市とされているが、人
口50万人未満の場合は、面積100 km^{2}以上を有することが要件とされて
いる。

3 指定都市は、市長の権限に属する事務を分掌させるため、条例で、その
区域を分けて区を設けることとされており、区長は住民の直接選挙により

選出される。

4 中核市は、人口30万以上、面積100km²以上を有することのほか、昼間人口が夜間人口を上回っていることが要件とされている。

5 中核市の指定の申し出をしようとする市は、申し出に際して、あらかじめ当該市の議会の議決を経て、都道府県の同意を得なければならない。

解説11

1 **誤り**。指定都市における事務の処理に関して、関与の特例が設けられている（法第252条の19第2項）。

2 **誤り**。本肢の前半は正しいが、指定都市に面積要件は存在しない（法第252条の19第1項）。

3 **誤り**。本肢の前半は正しいが、区長は当該普通地方公共団体の長の補助機関である職員をもって充てることとされている（法第252条の20第4項）。

4 **誤り**。中核市の法定要件は「政令で指定する人口20万以上の市」のみである（法第252条の22第1項）。

5 **正しい**（法第252条の24第1項～第3項）。

正答　5

問題12　地方自治法に定める外部監査契約に基づく監査に関する記述として、妥当なのはどれか。

1 外部監査人は、普通地方公共団体の公務員としての身分を有しないことから、監査の事務に関しては、刑法その他の刑罰の適用について公務に従事する職員とみなすことはできない。

2 都道府県は、毎会計年度、包括外部監査契約を締結しなければならないが、市町村については、長が包括外部監査契約を締結することを規則で定めた場合にのみ、包括外部監査契約を締結しなければならない。

3 包括外部監査人は、包括外部監査契約の期間内に監査の結果に関する報告を決定し、これを包括外部監査対象団体の議会、長及び監査委員等に提出しなければならない。

4 普通地方公共団体の長は、包括外部監査契約を締結する場合において、これまで契約を締結したことがある者と、再び契約を締結することはできない。
5 普通地方公共団体の議会は、住民監査請求に係る個別外部監査の請求があった場合、当該請求に係る監査を個別外部監査契約によるかどうかを決定しなければならない。

解説12

1 **誤り**。外部監査人は、監査の事務に関して刑法その他の罰則の適用について、法令により公務に従事する職員とみなすこととされている（法第252条の31第5項）。
2 **誤り**。本肢の前半は正しい（法第252条の36第1項）。指定都市以外の市または町村は、包括外部監査契約を締結することを条例で定めた場合、包括外部監査契約を締結しなければならない（同条第2項）。
3 **正しい**（法第252条の37第5項）。
4 **誤り**。連続して4回、同一の者と包括外部監査契約を締結してはならないとされている（法第252条の36第4項）。
5 **誤り**。議会ではなく、監査委員が決定する（法第252条の43第2項）。

正答 3

問題13

地方自治法に定める特別地方公共団体に関する記述として、妥当なのはどれか。

1 都及び特別区の事務の処理について、都と特別区及び特別区相互の間の連絡調整を図るため、都及び特別区をもって都区協議会を設けることとされている。
2 普通地方公共団体及び特別区は、その事務の一部を共同処理するため、都道府県の加入するものは総務大臣、その他のものは都道府県知事の許可を得て、広域連合を設けることができる。
3 広域連合は、当該広域連合が設けられた後、速やかに当該広域連合を組織する地方公共団体の議会の議決を経て、広域計画を作成しなければなら

ない。
4　国または都道府県は、一部事務組合に対して直接、事務権限の移譲を行うことができる。
5　財産区は独立の地方公共団体であるが、その収支は財産区の存する市町村及び特別区の収支として形式的に処理されるため、市町村及び特別区の会計と分別する必要はない。

解説13

1　**正しい**（法第282条の2第1項）。
2　**誤り**。本肢の説明は、広域連合ではなく一部事務組合に関するものである（法第284条第2項）。広域連合は、広域にわたって処理することが適当であると認められる事務について、広域計画を作成し、必要な連絡調整を図り、総合的かつ計画的な広域行政を管理・執行するために設けることができる（法第284条第3項）。
3　**誤り**。広域連合の広域計画は、当該広域連合の議会の議決を経て作成しなければならないとされている（第291条の7第1項）。
4　**誤り**。本肢の説明は、一部事務組合ではなく広域連合に関するものである（法第291条の2第1項～第2項）。
5　**誤り**。地方公共団体は、財産区の収入及び支出については会計を分別しなければならない（法第294条第3項）。

正答　1

問題14
　地方自治法に定める選挙に関する記述として、妥当なのはどれか。
1　普通地方公共団体の議会の議員は、その属する地方公共団体の選挙管理委員会の委員を選挙することはできないが、教育委員会の委員を選挙することができる。
2　普通地方公共団体の議会の議員は、その属する議会の議長を選挙することができるが、副議長に関しては議長が議員の中から選任することとされているので、議員が選挙することはできない。

3　日本国民は、年齢満18年以上であり、引き続き3カ月以上同一市町村の区域内に住所を有していれば、原則としてその属する普通地方公共団体の議会の議員及び長の選挙権を有する。

4　日本国民は、年齢満25年以上であれば、当該市町村の区域内に住所を有していなくても、原則としてその属する普通地方公共団体の議会の議員の被選挙権を有する。

5　日本国民は、年齢満30年以上であっても、引き続き3カ月以上同一市町村の区域内に住所を有していない限り、原則としてその属する普通地方公共団体の市町村長の被選挙権を有しない。

解説14

1　**誤り**。選挙管理委員は、選挙を有する者で一定の要件を満たすもののうちから、議会で選挙する。教育委員会の委員は、当該普通地方公共団体の長の選挙権を有する者のうちから、長が議会の同意を得て任命する。

2　**誤り**。普通地方公共団体の議会は、議員の中から議長及び副議長1人を選挙しなければならない。

3　**正しい**。

4　**誤り**。都道府県議会の議員または市町村議会の議員の被選挙権を有するためには、選挙権を有している必要がある。

5　**誤り**。市町村長の被選挙権は、年齢満25年以上のものが有する。選挙権を有している必要はない。

正答　3

問題15
地方自治法に定める条例に関する記述として、妥当なのはどれか。

1　地方公共団体の長は、新たに予算を伴う条例案については、必要な予算上の措置が的確に講ぜられる見込みが得られるまで、議会に提出できない。

2　条例の及ぶ範囲は、原則としてその地方公共団体の区域内に限られるが、その地方公共団体の住民に限っては区域外でも適用される。

3　条例には、科料を科する旨の規定を設けることはできるが、過料を科す

る旨の規定を設けることはできない。

4 異なる地方公共団体の条例相互の間において優劣の違いはなく、都道府県の条例が市町村の条例に優先するものではない。

5 条例は、公布及び施行された時から効力を生じるものであり、条例を遡及して適用することは、住民に利益をもたらす場合でも禁止されている。

> **解説15**

1 **正しい**。

2 **誤り**。条例の及ぶ範囲は、原則としてその地方公共団体の区域内に限られる。

3 **誤り**。条例には、過料を科する旨の規定を設けることができる。

4 **誤り**。市町村及び特別区は、当該都道府県の条例に違反してその事務を処理してはならない。

5 **誤り**。法律の適用を受ける者に利益をもたらす場合には遡及適用が可能である。

正答 1

> **問題16** 普通地方公共団体の議員の兼職・兼業に関する記述として、妥当なのはどれか。

1 議員の兼業禁止は、請負禁止ともよばれ、普通地方公共団体の議員は、当該普通地方公共団体に対して請負をするものとなることはできないが、請負をする法人の監査役となることは許される。

2 議員が兼業禁止の規定に該当するときは、その職を失うが、この規定に該当するかどうかは議会が決定する。

3 普通地方公共団体の議員は、衆議院議員、参議院議員、他の地方公共団体の議員との兼職を禁止されているが、教育委員員、人事委員会の委員との兼職は許される。

4 議員の兼職禁止は、同時に二つの身分を有することを禁じるものであることから、二つの職に就任したときは、直ちに両方の身分を失う。

5 議員の兼業禁止における請負は、民法上の請負を意味し、これには、広

く営業として行われる経済的、営利的な取引契約は該当しない。

1　**誤り**。議員は「監査役若しくはこれらに準ずべき者」になれない。
2　**正しい**。
3　**誤り**。教育委員会の委員は地教行法により、人事委員会については地方
　公務員法により禁止されている。
4　**誤り**。法92条の兼職は、他の職に新たに就任できない趣旨であり、二
　つの職を兼ねる状態を想定していない。
5　**誤り**。民法上の請負に限らない。

正答　2

　　地方自治法に定める会計年度に関する記述として、妥当なのは
どれか。
1　歳計剰余金は、決算の結果生じた剰余金であるが、会計年度独立の原則
　により、歳計剰余金を翌年度に繰り越すことは禁じられている。
2　翌年度歳入の繰上充用は、翌年度の歳入を繰り上げて充てることであ
　り、そのために必要な額を翌年度の歳入歳出予算に編入しなければならない。
3　歳入の会計年度所属区分について、随時の収入で納入通知書を発するも
　のの所属年度は、当該収入を領収した日の属する年度とされている。
4　支出の会計年度所属区分について、給与の所属年度は、実際に支給した
　日の属する年度とされている。
5　出納整理期間は、現金の未収未払を整理する期間であり、会計年度が終
　了する前の一定期間がこれに当たる。

1　**誤り**。各会計年度において決算上剰余金を生じたときは、翌年度の歳入
　に編入しなければならない（法第233条の2）。
2　**正しい**（令第166条の2）。

3　**誤り**。随時の収入で、納入通知書または納税の告知に関する文書を発するものの会計年度所属区分は、当該通知書等を発した日の属する年度とされている（令第142条第1項第2号）。

4　**誤り**。給与その他の給付（地方債の元利償還金、年金、恩給の類を除く）の会計年度所属区分は、これを支給すべき事実の生じた時の属する年度とされている（令第143条第1項第2号）。

5　**誤り**。普通地方公共団体の会計年度は、毎年4月1日に始まり、翌年3月31日に終わるものとされ（法第208条第1項）、その出納は、翌年度の5月31日をもって閉鎖する（法第235条の5）。出納整理期間は、会計年度終了後の翌年度の4月1日から5月31日までの2カ月間となる。

正答　2

問題18　普通地方公共団体の予算の原則に関する記述として、妥当なのはどれか。

1　総計予算主義の原則とは、一会計年度における一切の収入及び支出は、全て歳入歳出予算に編入しなければならないとする原則である。

2　継続費とは、歳出予算の経費の金額のうち、年度内に支出負担行為をし、避けがたい事故のため年度内に支出を終わらなかったものについて、翌年度に継続して使用することができる経費のことをいう。

3　単一予算主義の原則とは、地方公共団体の全ての収入及び支出を単一の予算に計上して、一つの会計により経理しなければならないとする原則であり、特別会計や補正予算もこの原則の例外ではないとされる。

4　会計年度独立の原則とは、一会計年度の歳出は当該年度の歳入をもって充てるべきことをいい、例外として継続費と繰越明許費のみが認められる。

5　補正予算とは、年度開始前までに予算が議決されない場合に、本予算が成立するまでの間のつなぎとして調製される予算である。

解説18

1　**正しい**（法第210条）。

2　**誤り**。継続費は、普通地方公共団体の経費をもって支弁する事件で、そ

の履行に数年度を要するものについては予算の定めるところにより、その経費の総額及び年割額を定めて数年度にわたって支出する経費のことをいう（法第212条第1項）。本肢は、事故繰越し（法第220条第3項）に関する説明である。

3 **誤り**。本肢の前半は正しい。特別会計（法第209条第1項）や補正予算（法第218条第1項）は、単一予算主義の原則の例外とされている。

4 **誤り**。本肢の前半は正しい。会計年度独立の原則の例外には、継続費、繰越明許費のほかにも事故繰越し、歳計剰余金の繰越し、過年度収入・過年度支出、翌年度歳入の繰上充用が認められている。

5 **誤り**。補正予算は、予算の調製後に生じた事由に基づいて、既定の予算に追加その他の変更を加える必要が生じたときに調製されるものである（法第218条第1項）。本肢は、暫定予算（同条第2項）に関する説明である。

正答　1

問題19　地方自治法に定める分担金、使用料及び手数料に関する記述として、妥当なのはどれか。

1　分担金、使用料及び手数料に関する事項については規則で定めなければならず、使用料については、政令で定める金額を徴収することを標準として規則で定めなければならない。

2　分担金は、普通地方公共団体全体に利益のある事件に関し、必要な費用に充てるために徴収するものであり、例として公立学校の授業料があげられる。

3　手数料は、地方公共団体の事務で特定の者のためにする事務だけでなく、もっぱら行政の必要のためにする事務についても徴収することができ、地方公共団体の職員採用試験の手数料を徴収することができる。

4　使用料は、行政財産の目的外使用または公の施設の利用について、その反対給付として徴収するものである。

5　普通地方公共団体は、原則として現金により当該地方公共団体の歳入を収入することとされており、使用料及び手数料の徴収については、証紙による収入の方法を定めることはできない。

解説19

1　**誤り**。規則ではなく、条例で定めなりればならない。また、本肢の後半は使用料ではなく手数料に関する説明で、「地方公共団体の手数料の標準に関する政令」において標準とすべき額が定められている（法第228条第1項）。

2　**誤り**。分担金は、数人または普通地方公共団体の一部に対し利益のある事件に関し、その必要な費用に充てるため、当該事件により特に利益を受ける者から受益の限度において徴収するものである（法第224条）。なお、公立学校の授業料は使用料と解されている（行実昭23.8.18）。

3　**誤り**。手数料は、地方公共団体の事務で特定の者のためにするものにつき徴収することができるものである（法第227条）。「特定の者のためにするもの」とは、一個人の要求に基づき主としてその者の利益のために行う事務のことで、もっぱら地方公共団体自身の行政上の必要のためにする事務について手数料は徴収できないものと解されている（行実昭24.3.14）。また、地方公共団体の職員採用試験に際して、手数料を徴収できないとされている（行実昭30.9.14）。

4　**正しい**（法第225条、法第238条の4第7項）。

5　**誤り**。使用料または手数料の徴収については、条例の定めるところにより証紙による収入の方法によることができる（法第231条の2第1項）。

正答　4

問題20

地方自治法に定める普通地方公共団体の財産に関する記述として、妥当なのはどれか。

1　公有財産は、行政財産と普通財産とに分かれ、さらに行政財産は、庁舎、研究所などの公用財産と、道路、学校などの公共用財産に分かれる。

2　行政財産である土地は、その用途または目的を妨げない程度において、国または他の地方公共団体に貸し付けることができるが、地上権や地役権等の私権を設定することはできない。

3　普通財産は、その経済的価値を発揮することを目的として管理または処分するものであるため、条例や議会の議決によらずに貸し付け、交換し、

または出資の目的とすることができる。

4　債権とは、金銭の給付を目的とする普通地方公共団体の権利のことをい
　い、物件の売払代金等は債権に当たるが、地方税などの公法上の収入金は
　債権に当たらない。

5　物品とは、普通地方公共団体の所有に属する動産及び不動産並びに普通
　地方公共団体が使用のために保管する動産のことをいう。

解説20

1　**正しい**（法第238条第3項・第4項）。

2　**誤り**。行政財産に地上権や地役権を設定することは可能である（法第
　238条の4第2項第5号・第6号）。

3　**誤り**。普通財産を交換し、出資の目的とし、若しくは支払手段として使
　用し、または適正な対価なくしてこれを譲渡し、若しくは貸し付ける場合
　は、条例または議会の議決によらなければならない（法第237条第2項）。

4　**誤り**。本肢の前半は正しい（法第240条第1項）。本条にいう債権は、
　地方税、分担金、使用料、手数料等の法令または条例に基づく収入金に係
　る債権であると、物件の売払代金、貸付料等の契約に基づく収入金に係る
　債権であるとを問わないものと解されている。

5　**誤り**。物品は、普通地方公共団体の所有に属する動産で現金（現金に代
　えて納付される証券を含む）、公有財産に属するもの、基金に属するもの
　以外のもの、及び普通地方公共団体が使用のために保管する動産（政令で
　定める動産を除く）のことをいう（法第239条第1項）。

正答　1

問題21
　　　　地方自治法に定める基金に関する記述として、妥当なのはどれ
か。

1　普通地方公共団体は、規則の定めるところにより、特定の目的のために
　財産を維持し、資金を積み立て、または定額の資金を運用するための基金
　を設けなければならない。

2　定額の資金を運用するための基金とは、一定額の原資金を運用すること

により特定の事務または事業を運営するために設けられるものであり、例えば、物品の集中購買等のために設けられるもの、資金の貸し付けのために設けられるもの等が該当する。

3　普通地方公共団体は、特定の目的のために資金を積み立てるための基金を設置した場合、当該目的のためでなければ、元本に当たる資金を処分して使用することはできないが、運用から生ずる収益であれば目的外に使用できる。

4　特定の目的のために定額の資金を運用するための基金について、普通地方公共団体の長は、3年に一度、その運用の状況を示す書類を作成し、会計管理者の意見を付けて、議会に提出しなければならない。

5　基金の運用から生ずる収益は、基金の目的外での利用を防止するため、毎会計年度の歳入歳出予算に計上してはならず、基金の管理に要する経費は、毎会計年度の歳入歳出予算に計上しなければならない。

解説21

1　**誤り**。普通地方公共団体は、条例の定めるところにより、特定の目的のために財産を維持し、資金を積み立て、または定額の資金を運用するための基金を設けることができる（法第241条第1項）。

2　**正しい**。

3　**誤り**。当該目的のためであれば、元本・収益いずれも処分して使用することができる（法第241条第3項）。

4　**誤り**。特定の目的のために定額の資金を運用するための基金について、普通地方公共団体の長は、毎会計年度、その運用状況を示す書類を作成し、監査委員の意見を付けて、議会に提出しなければならない（法第241条第5項）。

5　**誤り**。基金の運用から生ずる収益及び基金の管理に要する経費は、それぞれ毎会計年度の歳入歳出予算に計上しなければならない（法第241条第4項）。

正答　2

問題22 　地方自治法に定める住民監査請求に関する記述として、妥当なのはどれか。

1　住民監査請求は、法律上の行為能力を有する地方公共団体の住民で、自然人だけが行うことができる。

2　住民監査請求をするには、選挙権を有する者の総数の50分の1以上の者の連署が必要であり、一人でも行うことができる事務の監査請求とは異なっている。

3　住民監査請求は、正当な理由がない限り、当該行為のあった日または終わった日から1年を経過したときは、行うことができない。

4　住民監査請求の請求人は、監査の結果に不服があるとき、裁判所に対し、監査請求をした不当な行為の差し止めは請求できるが、損害賠償は請求できない。

5　監査委員は、住民監査請求があった当該行為が違法または不当であると思料するに足りる相当な理由がある場合に停止すべきことを勧告することができる。

解説22

1　**誤り**。住民監査請求における「住民」の範囲は、法律上の行為能力が認められている限り、自然人以外に法人も行うことができる（行実昭23.10.30）。

2　**誤り**。住民監査請求と事務の監査請求は、どちらも住民が監査委員に対し監査を求めるものだが、内容と要件が異なる。前者は、地方公共団体の財務会計上の行為または怠る事実に限られ、住民が一人でも請求することができる一方で、後者は地方公共団体に係る事務全般が対象となり、請求には有権者数の50分の1以上の署名が必要となる（法第242条第1項、第75条第1項）。

3　**正しい**（法第242条第2項）。

4　**誤り**。監査結果に不服がある場合、裁判所に対して住民監査請求に係る不当な行為の差し止めだけでなく、損害賠償も請求することができる（法第242条の2第1項第1号・第4号）。

5 **誤り**。当該行為が違法であると思料するに足りる相当な理由があり、当該行為により当該普通地方公共団体に生ずる回復の困難な損害を避けるため緊急の必要があり、かつ、当該行為を停止することによって人の生命または身体に対する重大な危害の発生の防止その他公共の福祉を著しく阻害するおそれがないと認めるときに、停止すべきことを勧告することができる（法第242条第4項）。

正答　3

問題23

地方自治法に定める住民訴訟に関する記述として、妥当なのはどれか。

1　普通地方公共団体の住民は、住民監査請求を行ったか否かにかかわらず、住民訴訟を提起することができる。

2　住民訴訟の対象は、住民監査請求の対象とされた違法な行為または不当な行為に限られ、住民監査請求の対象とされた怠る事実または不当な怠る事実は除かれるとされる。

3　普通地方公共団体の住民は、当該普通地方公共団体の職員に損害賠償を求める場合、当該普通地方公共団体に代位し、直接当該職員に対して賠償を請求する訴訟を提起することができる。

4　住民訴訟は、当該普通地方公共団体の事務所の所在地を管轄する地方裁判所の管轄に専属する。

5　普通地方公共団体の長に対する行為の全部または一部の差し止めの請求は、当該行為により普通地方公共団体に回復の困難な損害を生ずる恐れがある場合に限られる。

解説23

1　**誤り**。住民訴訟は監査請求前置主義を採っているため、住民監査請求を経なければ提起できない（法第242条の2第1項）。

2　**誤り**。住民訴訟の対象は、住民監査請求に係る違法な行為または怠る事実に限られる（法第242条の2第1項）。

3　**誤り**。住民訴訟における損害賠償請求（法第242条の2第1項第4号）

の訴訟構造は、義務付け訴訟とされている（平成14年の地方自治法改正までは代位訴訟とされていた）。

4　**正しい**（法第242条の２第５項）。

5　**誤り**。本肢の説明は、平成14年の地方自治法改正前の規定である。当該執行機関または職員に対する当該行為の全部または一部の差し止めの請求は、当該行為を差し止めることによって人の生命または身体に対する重大な危害の発生の防止その他公共の福祉を著しく阻害するおそれがあるときは、することができないとされている（法第242条の２第６項）。

正答　4

問題24　地方自治法に定める賠償責任に関する記述として、妥当なのはどれか。

1　会計管理者または会計管理者の事務を補助する職員が、故意または過失により、その保管に係る有価証券を亡失したときは、これによって生じた損害を賠償しなければならない。

2　資金前渡を受けた職員が、故意または重大な過失により、その保管に係る現金を亡失した場合、その損害が２人以上の職員の行為によるものであるときは、当該職員は、それぞれの職分のみに応じて賠償責任を負う。

3　支出負担行為を行う権限を有する職員が、故意または過失により当該普通地方公共団体に損害を与えたときは、これによって生じた損害を賠償しなければならない。

4　普通地方公共団体は、規則において、長や職員等の当該団体に対する損害賠償責任について、その職務を行うにつき善意でかつ過失がないときは、賠償責任額を限定して免除する旨を定めることができる。

5　普通地方公共団体の長は、会計管理者が法の定める行為により当該普通地方公共団体に損害を与えたと認めるときは、監査委員に対し、賠償責任の有無及び賠償額を決定することを求めなければならない。

解説24

1　**誤り**。有価証券を亡失した場合の損害賠償は、故意または重大な過失の

ときが対象となる（法第243条の２の２第１項）。

2　**誤り**。現金を亡失した場合の損害賠償は、故意または過失のときが対象となる（法第243条の２の２第１項）。また、その損害が二人以上の職員の行為により生じたものであるときは、当該職員は、それぞれの職分と損害発生の原因となった程度に応じて賠償責任を負う（同条第２項）。

3　**誤り**。支出負担行為を行う権限を有する職員に係る損害賠償は、故意または重大な過失のときが対象となる（法第243条の２の２第１項第１号）。

4　**誤り**。長等の損害賠償責任の一部免責は条例で定める必要があり、免責の対象は「職務を行うにつき善意でかつ重大な過失がないとき」とされている（法第243条の２第１項）。

5　**正しい**。なお、長はその決定に基づき、期限を定めて賠償を命じなければならない（法第243条の２の２第３項）。

正答　5

問題25　地方自治法に定める公の施設に関する記述として、妥当なのはどれか。

1　指定管理者制度とは、普通地方公共団体が、民間に公の施設の管理を行わせる制度をいい、個人も指定管理者として指定することができる。

2　公の施設は、住民の福祉を増進する目的で設置される施設であるから、社会秩序の維持が目的の留置場は、公の施設に当たる。

3　普通地方公共団体は、公の施設の管理に係る指定管理者の指定の手続き、管理の基準及び業務の範囲その他必要な事項を条例で定めなくてはならないとされ、指定管理者を指定しようとするときは、議会の議決を経なければならない。

4　普通地方公共団体は、その区域外に公の施設を設けるときは、必ずその関係普通地方公共団体と協議しなければならない。

5　普通地方公共団体が、当該地方公共団体の住民と他の地方公共団体の住民とで公の施設の使用料に差を設けることは、不当な差別的取り扱いに当たる。

> **解説25**

1　**誤り**。指定管理者として指定することができるのは、法人その他の団体
　とされている（法第244条の2第3項）。
2　**誤り**。公の施設は「住民の福祉を増進する目的をもってその利用に供す
　るための施設」（法第244条第1項）とされており、地方公共団体の試験
　研究機関、競輪場、留置場等はこれに該当しないものと解されている。
3　**正しい**（法第244条の2第3項・第6項）。
4　**誤り**。区域外に営造物（公の施設）を設置する場合、設置される地域の
　住民との間に使用関係を生じないときは協議を要しないものと解されてい
　る（行実昭18.6.23）。
5　**誤り**。住民が公の施設を利用することについて、普通地方公共団体は不
　当な差別的取り扱いをしてはならないとされているが（法第244条第3
　項）、これは、他の普通地方公共団体の住民に対する差別的取り扱いを禁
　止するものではない。ただし、憲法14条に違反しないよう留意する必要
　はあり、例えば他の普通地方公共団体の住民が公の施設を利用するに当た
　り著しく多額の使用料を徴するような不当に不利益な利用条件を課すこと
　は、適当ではないと解されている。

正答　3

地方公務員制度

　地方公務員法は、任用、勤務条件、分限、服務等の基本事項を定めた法律です。仕事をしていく上で基本となる重要な法律ですから、基礎知識を押さえた上で、繰り返し問題集に取り組み、正しい知識を身に着けてください。

出題傾向と勉強方法

　地方公務員法は、条文数が少ない割に出題数が多いため、各条から幅広く出題されています。中でも「任用」「服務」「分限及び懲戒」に関する問題は頻出で、毎年必ず出題されています。

　問題によっては、関係法令や行政実例等の知識まで必要になるものもあり、総合的に理解しておく必要がある一方で、条文の細かな点まで問われる選択肢もあるので、知識の正確性も必要になります。

　過去問から出題傾向や特徴を確認し、参考書で基本的な論点を押さえながら問題集を繰り返し解いてください。全65条と短い法律ですので、必ず条文に目を通してください。なお、地方公務員法は、平成29年5月に改正（令和2年4月1日施行）されているので、その内容である、特別職の任用及び臨時的任用の厳格化、「会計年度任用職員」の創設による一般職の非常勤職員の任用等に関する制度の明確化についても、押さえましょう。以下に参考図書を紹介します。

○『地方公務員法の要点』（学陽書房）
○『完全整理 図表でわかる地方公務員法』（学陽書房）
○『地方公務員法実戦150題』（都政新報社）
○『1日10分地方公務員法』（都政新報社）

地方公務員法に定める特別職に属する地方公務員についての記述として妥当なのは、次のどれか。

1 特別職に属する地方公務員については、身分取り扱いを統一的に規定する法令が制定されていないため、人事委員会の委員及び公平委員会の委員を除いて、地方公務員法の服務規定が準用される。

2 地方公共団体の長や議会の議長に特別職である秘書の職をおく場合には、必ず条例で指定する必要があり、条例で指定されていない場合には、長や議長の秘書であっても、特別職に属する地方公務員とはならない。

3 地方公務員の職は、一般職と特別職に分類され、いずれにも属しない地方公務員は存在せず、特別職に属する地方公務員の範囲は、地方公務員法に例示として掲げられている。

4 任命権者は、特別職に属する地方公務員を任用する場合においても、一般職に属する地方公務員と同様、能力の実証に基づいて任用しなければならず、成績主義の原則が適用される。

5 特別職に属する地方公務員は、任期を定めて任用されることにその特徴があり、臨時的任用職員や条件付採用期間中の職員は、特別職に属する地方公務員である。

解説 1

1 **誤り**。特別職の身分の取り扱いについて、地公法は人事委員会及び公平委員会の委員に関する事項以外は一切規定しておらず、個々の特別職ごとに関係する法規を検討して決定することとなる。

2 **正しい**（地公法第3条第3項第4号）。

3 **誤り**。特別職に属する地方公務員の範囲は、地公法に例示されているのではなく、限定列挙であり、一般職は、特別職に属する職以外の一切の職としている（地公法第3条第2項及び第3項）。

4 **誤り**。地公法第15条で規定されている成績主義が適用されるのは一般職である。特別職は、法律に特別の定めがある場合を除き、地公法の適用を除外されている（地公法第4条第2項）。

5 **誤り**。臨時的任用職員や条件付採用期間中の職員は一般職である。

正答　2

問題2　地方公共団体における任命権者に関する記述として妥当なのは、次のどれか。
1　地方公共団体の長は、その補助機関である職員の任命権者であるが、専門委員に対しては、長は任命権を有しない。
2　地方公営企業管理者の任命権者は、地方公共団体の長であり、地方公営企業管理者の補助職員の任命権者は、地方公営企業管理者である。
3　任命権は、任命権者に専属する権限であり、任命権の一部を他の者に委任することはできない。
4　任命権者の種類は、地方公務員法に限定列挙されており、同法に具体的に明示された者以外の者は任命権者とはなりえない。
5　人事委員会事務局の職員の任命権者は、人事委員会であり、地方労働委員会事務局の職員の任命権者は、地方労働委員会である。

解説2

1　**誤り**。地方公共団体の長は、専門委員に対しても任命権を有する（自治法第174条）。
2　**正しい**。地方公営企業管理者は地方公共団体の長が任命し（地公企法第7条の2第1項）、地方公営企業管理者の補助職員は地方公営企業管理者が任命する（地公企法第9第2号）。
3　**誤り**。任命権者は、「権限の一部をその補助機関たる上級の地方公務員に委任することができる」（地公法第6条第2項）。
4　**誤り**。地公法第6条第1項では、任命権者を列挙しているが、これは、「…その他法令または条例に基づく任命権者」と書かれていることからも分かるとおり、例示列挙であり、ほかに法令等に基づいて任命権者が存在する。
5　**誤り**。前半の人事委員会事務局に関する記述は正しいが、地方労働委員会事務局の職員の任命権者は、地方公共団体の長である（地公法第6第1

項、労組法第19条の12）。

正答　2

問題**3**　地方公務員法に規定する人事委員会または公平委員会の委員に関する記述として妥当なのは、次のどれか。

1　人事委員会または公平委員会は、公務の運営、職員の福祉・利益保護に著しい支障が生じると認められる場合であっても、3人の委員全員が出席しなければ会議を開くことができない。

2　非常勤の人事委員会の委員及び公平委員会の委員の服務については、一般職に属する職員の服務に関する規定のうち、営利企業への従事等の制限の規定は準用されないが、その他の服務に関する規定は全て準用される。

3　人事委員会または公平委員会の委員のうち、2人以上が同一の政党に属することとなった場合には、これらの者のうち政党所属関係に異動のあった者は、その職を当然に失う。

4　選挙権を有する者は、政令の定めるところにより、その総数の3分の1以上の者の連署をもって、その代表者から、普通地方公共団体の長に対し、人事委員会または公平委員会の委員の解職の請求をすることができる。

5　人事委員会または公平委員会の委員は、全ての地方公共団体の議会の議員及び当該委員会の属する地方公共団体の地方公務員の職を兼ねることが禁止されている。

解説**3**

1　**誤り**。会議を開かなければ公務の運営または職員の福祉若しくは利益の保護に著しい支障が生じると認められる十分な理由があるときは、2人の委員が出席すれば会議を開くことができる（地公法第11第2項）。

2　**誤り**。非常勤の人事委員会の委員及び公平委員会の委員の服務には地公法第30条から第34条まで、第36条から第37条までの規定が準用される。したがって、営利企業への従事等の制限（地公法第38条）の規定とともに、職務に専念する義務（地公法第35条）の規定も準用されない。なお、常勤の人事委員会の委員の服務には、地公法第30条から第38条までの規

定が準用される。

3 **誤り**。2人以上が同一の政党に属することとなった場合、これらの者のうち1人を除く他の者を地方公共団体の長が議会の同意を得て罷免する（地公法第9条の2第5項）。

4 **誤り**。人事委員会または公平委員会の委員は、地公法第9条の2第5項、第6項の規定による場合を除き、その意に反して罷免されることはない（地公法第9条の2第7項）。なお、自治法上も、主要公務員の解職請求の対象とはされていない（自治法第13条第2項）。

5 **正しい**（地公法第9条の2第9項）。

正答　5

▶**問題4**　地方公務員法に規定する職員の任用に関する記述として、妥当なのはどれか。

1 人事委員会を置かない地方公共団体における競争試験による職員の採用についても、任命権者は、試験ごとに採用候補者名簿を必ず作成しなければならない。

2 人事委員会等は、その定める職について採用候補者名簿がなく、かつ、人事行政の運営上必要であると認める場合であっても、当該職の採用試験に相当する国の選考に合格した者を、当該職の選考に合格したものとみなすことはできない。

3 職員の職に欠員を生じた場合においては、任命権者は、採用、昇任、降任または転任のいずれかの方法により、職員を任命することができる。

4 職員の採用における競争試験は、筆記試験及び口頭試問のみにより行うものとする。

5 人事委員会を置く地方公共団体においては、職員の採用は、競争試験によるものとし、選考によることは一切できない。

▶**解説4**

1 **誤り**。人事委員会を置かない地方公共団体については規定していない。

2 **誤り**。その職の選考に合格したものとみなすことができる（地公法第

21条の2第3項)。

3　**正しい**（地公法第17条第1項）。

4　**誤り**。筆記試験及び口答試験のみに限定していない（地公法第20条第2項）。

5　**誤り**。人事委員会規則で定めた場合は選考によることができる（地公法第17条の2第1項）。

正答　3

問題5　地方公務員法に規定する職員の任用に関する記述として妥当なのは、次のどれか。

1　職員の職に欠員を生じた場合においては、任命権者は、採用、昇任、転任のいずれかの方法により、職員を任命することができるが、職員にとって不利益となるので、降任は認められていない。

2　人事委員会を置かない地方公共団体における競争試験による職員の任用についても、任命権者は、試験ごとに任用候補者名簿を必ず作成しなければならない。

3　選考は、特定の者について、任命しようとする特定の職における職務遂行能力を有するかを判定するものであり、受験者が複数の場合には、筆記試験等の方法により、成績によって順位が定められ、任用候補者名簿が作成される。

4　人事委員会を置く地方公共団体においては、任命権者は、当該人事委員会の承認を得た場合に限り、当該地方公共団体の条例に定める定数を超えて職員の任用を行うことができる。

5　職員の任用の根本基準である成績主義の原則は、一般の行政事務に従事する職員にだけでなく、単純な労務に従事する職員にも適用される。

解説5

1　**誤り**。職員の職に欠員を生じた場合においては、任命権者は採用、昇任、降任、転任のいずれか一つの方法により、職員を任命することができる（地方公務員法第17条第1項）。

2　**誤り**。人事委員会を置かない地方公共団体については規定していない。

3　**誤り**。選考の場合は、順位を定めたり、任用候補者名簿を作成したりする必要はない。

4　**誤り**。このような定めはない。

5　**正しい**。地方公務員法第15条は、職員の任用について成績主義の原則を定めている。「職員」とは、一般職の職員全てを指し、一般の行政事務に従事する職員をはじめ教育職員、警察職員、企業職員及び単純労働職員の全てについて、本条は適用される。

正答　5

第2章 択一式 教養問題A

問題6　地方公務員法に定める欠格条項に関する記述として妥当なのは、次のどれか。ただし、条例で定める場合はないものとする。

1　法は、一の地方公共団体で分限免職の処分を受けた者は、他の地方公共団体の職員となることはできないとしている。

2　法は、憲法の下に成立した政府を暴力で破壊することを主張する政党を結成した者は、地方公共団体の職員となることができないが、当該政党に加入しただけの者は職員となることができるとしている。

3　法は、禁錮以上の刑に処せられた者は、その執行を受けることがなくなった後も地方公共団体の職員となることはできないとしている。

4　法は、成年被後見人及び被保佐人は、一定の条件を満たす場合を除き、地方公共団体の職員となることができないとしている。

5　法は、一の地方公共団体で懲戒免職の処分を受け、その処分の日から2年を経過しない者は、当該地方公共団体の職員となることはできないとしている。

解説6

1　**誤り**。当該地方公共団体において懲戒免職の処分を受け、当該処分の日から2年を経過しない者とされている（地公法第16条第2号）。

2　**誤り**。「結成し、またはこれに加入した者」とされている（地公法第16条第4号）。

3 **誤り**。「その執行を受けることがなくなるまでの者」とされている（地公法第16条第1号）。

4 **誤り**。令和元年の地方公務員法改正により、成年被後見人または被保佐人については、欠格条項から削除されている（地公法第16条）。

5 **正しい**。

正答　5

問題7 　地方公務員法に定める条件付採用に関する記述として、妥当なのはどれか。

1 　町村合併により新町が発足し、従前の旧町村の正式職員であった者が、新たに新町の職員として任命された場合は、条件付採用に関する規定が適用される。

2 　条件付採用期間中の職員は、その意に反する不利益処分について、審査請求を行うことはできないが、行政訴訟を提起することはできる。

3 　職員は、条件付で採用され、採用後6カ月の間、その職務を良好な成績で遂行したときに正式に採用されるが、職務遂行の能力が不足している場合には、人事委員会は条件付採用期間を1年に至るまで延長することができる。

4 　条件付採用期間中の職員は転任させることができるが、転任させた場合には、新たに条件付採用期間が開始する。

5 　条件付採用期間中の職員には、身分保障に関する規定が適用されないため、任命権者は、法律に定める事由によらず、純然たる自由裁量により、条件付採用期間中の職員を分限免職とすることができる。

解説7

1 　**誤り**。合併の場合の旧町村職員には適用されない（最判昭35.7.21）。

2 　**正しい**。正式採用職員と異なり、行政不服審査法の適用はない。

3 　**誤り**。職務遂行能力が不足している場合でなく、能力の実証期間として6カ月では短い場合である。

4 　**誤り**。当初の職から6カ月である。

5　**誤り**。純然たる自由裁量でなく、客観的に合理的な理由が存在し、社会通念上相当とされるものであることを要するとした（最判昭53.6.23）。

正答　2

問題 8　地方公務員法における分限処分に関する記述として妥当なのは、次のどれか。

1　任命権者は、地方公務員法または条例で定める事由による場合でなければ、職員の意に反してこれを休職させることはできないが、職員が刑事事件に関し起訴された場合は、その意に反してこれを休職させることができる。

2　職員の意に反する免職の効果は、法律に特別の定めがある場合を除くほか、条例で定めなければならないが、その意に反する降任の効果については、規則で定めることができる。

3　職員は、条例で定める事由による場合でなければ、その意に反して降任されることはなく、また規則で定める事由による場合でなければ、その意に反して降給されることはない。

4　任命権者は、職制もしくは定数の改廃または予算の減少による廃職または過員を生じた場合、その意に反して職員を降任することができるが、職責の同意がなければ免職することはできない。

5　職員の意に反する休職の効果は、地方公務員法に特別の定めのある場合を除くほか、規則で定めなければならないが、任命権者は、その裁量により休職中の職員に対して給与を支給することができる。

解説 8

1　**正しい**。休職の要件としては、①心身の故障のため、長期の休養を要する場合、②刑事事件に関し起訴された場合の二つが法定されているが、条例によっても休職の要件を定めることができる。

2　**誤り**。降任、免職、休職、降給の全ての事由につき、職員の意に反する場合の手続き及び効果は、法律に特別の定めがある場合を除く外、条例で定めなければならない。

3　**誤り**。降任・免職の要件は、①人事評価または勤務の状況を示す事実に照

らして、勤務実績が良くない場合、②心身の故障のため、職務の遂行に支障があり、またはこれに堪えない場合、③その職に必要な適格性を欠く場合、④職制若しくは定数の改廃または予算の減少により、廃職または過員を生じた場合の四つが法定されており、事由を条例で定めることはできない。

4　**誤り**。職員の同意は必要ない。

5　**誤り**。2の解説と同じ。

正答　1

問題 9　　地方公務員法に定める懲戒処分に関する記述として妥当なのは、次のどれか。

1 任命権者は、再任用職員に対して懲戒処分を行うことができるが、再任用職員として採用される前の在職期間中の非違行為を理由として、懲戒処分を行うことはできない。

2　停職処分では、処分期間中、給与は減額して支給され、その期間は、退職手当の算定の基礎となる期間から除算される。

3　条件付採用期間中の職員及び臨時的任用職員に対しては、地方公務員法の懲戒処分の規定が適用されず、条例で処分の種類や事由が定められる。

4　懲戒処分を行うかどうか、いずれの処分を行うかは、任命権者が裁量権の範囲を逸脱した場合を除き、任命権者が裁量によって決定するものであるが、一個の義務違反に対し、2種類以上の懲戒処分を併せて行うことはできない。

5　懲戒処分の種類として、戒告、減給、停職、免職の4種類が法定されているが、条例で定めた場合には、訓告や諭旨免職などの措置を、懲戒処分として行うことができる。

解説 9

1　**誤り**。再任用された職員に対し、在職期間中の行為に基づき懲戒処分をすることができる旨が定められている（地公法第29条第3項）。これは、再任用制度による採用が、退職前の職員としての良好な勤務の事実を基礎とすることから講じられたものである（平11.7.30自治省通知）。

2 **誤り**。職員の非違行為に起因する制裁として行われる停職の期間中は、いかなる給与も支給されない。

3 **誤り**。分限処分のように、条件付採用期間中の職員及び臨時的任用職員に対する適用除外はない。すなわち、条件付採用期間中の職員または臨時的任用職員であっても、職務に従事している以上、服務規律に従うことは当然であり、その違反については懲戒処分の対象となる。

4 **正しい**。

5 **誤り**。前段は正しい。しかし、訓告や諭旨免職などの措置は、懲戒処分として行うことはできない。行政実例（昭34.2.19）は、地公法上認められていない事実上の訓告は、懲戒処分としての制裁的実質を備えないものである限り、差し支えないものと解するとしている。

正答　4

問題10 地方公務員法に定める懲戒処分に関する記述として妥当なのは、次のどれか。

1 条件附採用期間中の職員は、懲戒処分に関する規定は適用されず、また不利益処分に関する不服申し立てもできない。

2 懲戒免職を行う場合、解雇に関しての労働基準法の規定は適用されず、当該処分を受ける職員に対し、解雇予告や解雇予告手当の支払いを行うことを必要としない。

3 任命権者は、分限免職とした職員に対して懲戒免職処分を行うことはできないが、依願退職した職員に対しては懲戒免職処分を行うことができる。

4 懲戒処分は、職員の一定の義務違反に対する道義的責任を問うことにより、公務における規律と秩序を維持することを目的とする処分である。

5 懲戒処分は、免職、停職、減給、訓告の4種類が法定されており、戒告や口頭注意は懲戒処分ではないとされている。

解説10

1 **誤り**。分限処分と異なり、懲戒処分は適用される。ただし、不利益処分に対する不服申し立てはできない。

2　**誤り**。懲戒免職については、労働基準法第20条の適用がある。

3　**誤り**。特別権力関係における秩序を維持するための制裁であるから、退職等により特別権力関係が消滅した場合は、懲戒処分はできない。

4　**正しい**。分限処分は公務能率の維持及びその適正な運営の確保を目的としており、懲戒処分は公務における規律と秩序の維持を目的としている。

5　**誤り**。懲戒処分の種類は、重い順に免職、停職、減給、戒告の四つがある。訓告は、将来を戒める事実上の行為であると考えられる。

正答　4

問題11
地方公務員法に定める秘密を守る義務に関する記述として妥当なのは、次のどれか。

1　職員は、退職後においても、職務上知り得た秘密を守る義務があるので、法令による証人となり、その職務上知り得た秘密に属する事項を発表する場合は、必ず退職した職の任命権者の許可を受けなければならない。

2　職員は、法令による証人となり、職務上の秘密に属する事項を発表する場合には、任命権者の許可を受けなければならず、任命権者には、許可するか否かについて、裁量権が認められている。

3　職務上知り得た秘密とは、職員の職務上の所管に属する秘密をいい、所管外の事項で職務に関連して知ることができた秘密は該当しない。

4　職員が法令による証人、鑑定人となり、職務上の秘密に属する事項を発表する場合には、人事委員会の承認を得なければならない。

5　職員が職務上知り得た秘密を漏らした場合には、懲戒処分の対象となるだけでなく、刑事罰の対象にもなり、1年以下の懲役または50万円以下の罰金に処せられる。

解説11

1　**誤り**。任命権者の許可を要するのは、「職務上の秘密」であり、「職務上知り得た秘密」は対象とならない。退職者についても同様である。

2　**誤り**。任命権者は、法律に特別の定めがある場合を除くほか、その許可を与えなければならない。

3　**誤り**。当該職員の所管外の事項であっても、職務に関連して知ることができた秘密は、「職務上知り得た秘密」に該当する。

4　**誤り**。法令による証人、鑑定人となり、職務上の秘密に属する事項を発表する場合には、任命権者の許可を得なければならない。

5　**正しい**。懲戒処分及び刑事罰（地方公務員法第60条第2号）の対象となる。

正答　5

問題12　　地方公務員法に規定する職員の職務専念義務に関する記述として妥当なのは、次のどれか。

1　職員は、都の条例または規則に基づいてその職務に専念する義務を免除されることはないが、法律に別段の定めがある場合にはその職務に専念する義務を免除されることができる。

2　職員は、研修を受ける場合またはその職務と関連を有する公益に関する団体の事務に従事する場合には、あらかじめ任命権者の承認を得て、その職務に専念する義務を免除されることができる。

3　職員は、都がなすべき責を有する職務に専念しなければならないが、その専念すべき職務には法令により国から東京都に処理を委任された事務は含まれない。

4　職員は、職員団体の在籍専従職員として任命権者から許可された場合には、職務専念義務を免除され、その許可が効力を有する間は給与の支給を受けることができる。

5　職員は、法律上の権利である勤務条件に関する措置要求及び不利益処分に対する不服申し立てを勤務時間中に行う場合には、任命権者の許可を要さずに職務専念義務を免除されるが、給与の支給を受けることはできない。

解説12

1　**誤り**。法律または条例に特別な定めがある場合に免除されることができる。

2　**正しい**。「職員の職務に専念する義務の特例に関する条例」及び人事委

員会規則。

3 **誤り**。法定受託事務（地方自治法第2条第9項）も含まれる。

4 **誤り**。在籍専従職員として許可された者は、その許可が効力を有する間は休職者とし、いかなる給与も支給されない（地方公務員法第55条の2第5項）。

5 **誤り**。職員が、勤務条件に関する措置要求をする場合には、当然に職務専念義務が免除されるものではない（行政実例昭和27.2.29）。

正答　2

問題13 地方公務員法に定める政治的行為の制限に関する記述として妥当なのは、次のどれか。

1 職員は、当該職員の属する地方公共団体の区域の内外を問わず、公の選挙で特定の候補者に投票するように、勧誘運動をしてはならない。

2 職員は、当該職員の属する地方公共団体の区域の内外を問わず、特定の地方公共団体の執行機関に反対する目的で、署名運動を企画することができる。

3 職員は、当該職員の属する地方公共団体の区域外において、一定の政治目的をもって、文書または図画を地方公共団体の庁舎、施設に掲示することができる。

4 職員は、政党その他の政治的団体の結成に関与し、またはこれらの団体の役員及び構成員となってはならない。

5 職員は、公の選挙において特定の人を支持する目的をもって、当該職員の属する地方公共団体の区域外において、寄附金その他の金品の募集に関与することができる。

解説13

1 **誤り**。公の選挙の勧誘活動は、区域内のみ禁止（地方公務員法第36条第2項第1号）。

2 **誤り**。署名運動の企画も区域内のみ禁止（地方公務員法第36条第2項第2号）。

3　**誤り**。区域内外を問わず禁止（地方公務員法第36条第2項第4号）。

4　**誤り**。職員が、政党その他の政治的団体を結成し、またはこれらの役員になることは禁止されているが、政治的団体の構成員となること自体は禁止されていない（地方公務員法第36条第1項）。

5　**正しい**。職員の属する地方公共団体の区域外の場合には許される（地方公務員法第36条第2項第3号）。

正答　5

問題14　　地方公務員の給与に関する記述として妥当なのは、次のどれか。

1　一般職の職員の給与を法律に基づく条例で決定することを条例主義の原則というが、この対象は給料に限られ、各種手当は含まれない。

2　職員の給与は、給与支払いの三原則に基づき、通貨で、職員に直接、その全額を支払わなければならないとされるが、一般の職員については、法律または条例により、特例を定めることができる。

3　地方公営企業職員の給与は、その種類及び基準のほか、給料表や各種手当の額など給与の具体的な事項についても条例で定めなければならない。

4　給与とは、常勤職員に対し、その勤務に対する報酬として支給される一切の有価物をいい、給料、手当及び職員に対し、職務に関連して支給される被服が給与に含まれる。

5　教育職員のうち県費負担教職員の給与については、都道府県が負担するが、職員の身分は市町村に属するので、具体的な支給額は各職員が所属する市町村の条例で定められる。

解説14

1　**誤り**。各種手当についても条例で定める必要がある。

2　**正しい**。職員の給与は、法律または条例により特に認められた場合を除き、通貨で、直接職員に、その全額を支払わなければならない（地方公務員法第25条第2項）。

3　**誤り**。地方公営企業職員の給与は、種類と基準のみ条例で定める（地方公営企業法第38条第4項）。

4 **誤り**。給与とは、労働基準法に定める賃金と同意義のものであり、具体的には給料のほか各種手当が該当する。また、職務に関して貸与される被服は給料には含まれない。

5 **誤り**。県費負担教職員に適用する給与条例は、給与を負担する都道府県が定めるという支払団体主義が取られている（地方教育行政の組織及び運営に関する法律第42条）。

正答　2

問題15　地方公務員法に規定する勤務時間に関する記述として妥当なのは、次のどれか。

1　職員の勤務時間は、条例で委任することにより全面的に規則で定めることができる。

2　職員の勤務時間を定めるにあたっては、国及び他の地方公共団体並びに民間事業の従事者との間に均衡を失わないように適当な配慮が払われなければならない。

3　職員の給与や勤務時間について、人事委員会は、毎年少なくとも1回、給料表や勤務時間が適当であるかどうかについて、地方公共団体の議会及び長に同時に勧告しなければならない。

4　職員は、修学部分休業または高齢者部分休業の承認を受けた場合には、その休業により勤務しない時間の給与について減額される。

5　勤務時間は、労働基準法に定める基準の範囲内であれば、条例で定めることなく地方公共団体の当局と職員団体との間の書面協定で定めることができる。

解説15

1　**誤り**。職員の給与、勤務時間その他の勤務条件は、条例で定める。

2　**誤り**。勤務時間については、民間との均衡の考慮規定はない（地方公務員法第24条第4項）。

3　**誤り**。給料については、毎年少なくとも1回、適当であるかどうかについて、地方公共団体の議会及び長に同時に報告するものとされているが

（地方公務員法第26条）、勤務時間について勧告する規定はない。

4　**正しい**。いずれの場合も、条例で定めるところにより、減額して給与を支給するものとされている（地方公務員法第26条の2第3項、26条の3第2項）。

5　**誤り**。勤務条件は、条例で定める（地方公務員法第24条第5項）。

正答　4

問題16　地方公務員法に定める職務上の義務に関する記述として妥当なのは、次のどれか。

1　職員の服務上の義務は、採用により当然に生じるわけではなく、服務の宣誓を行うことによって生じる。

2　職員は、職務上の上司からの命令について、自分の考えと異なる場合は意見を述べることができるが、いかなる場合もその命令に従わなければならない。

3　職員は、職務を遂行するにあたっては、法律、条例、規則などの法令に従わなければならないが、法令ではない訓令、通達についてはその義務はない。

4　職務命令は、職務の遂行を内容とするものに限られず、職務の必要上から生活上の制限に及ぶ場合もあり、その例として居住場所の制限がある。

5　職務命令は、文書によることが必要とされ、口頭で行われた場合には、これに従わなくても、職務命令違反にはあたらない。

解説16

1　**誤り**。服務の宣誓自体に法的効果はない。

2　**誤り**。職務命令に重大かつ明白な瑕疵（かし）がある場合には、無効であり、部下はこれに従う必要はない。

3　**誤り**。訓令は、上級行政機関がその指揮命令権に基づいて下級行政機関に発する命令であり、行政機関の意思を拘束する。

4　**正しい**。職務命令のうち身分上の命令は、公務としての地位または職務との関係において妥当性があると認められる場合は、個人の自由を制限で

きる。その一例として、特定の職員に対し、職務の必要上から公舎に居住するよう命ずることなどが挙げられる。

5 **誤り**。職務命令は要式行為ではなく、口頭か文書かの制限はない。

正答　4

問題17 地方公務員法に定める会計年度任用職員制度に関する記述として、妥当なのはどれか。

1 会計年度任用職員の任期は、その採用の日から同日の属する会計年度の末日までの期間の範囲内で任命権者が定めることから、採用された会計年度任用職員にその任期を明示する必要はない。

2 会計年度任用職員は、一会計年度を超えない範囲内で置かれる非常勤の職を占める職員であり、再任用短時間勤務職員は会計年度任用職員に含まれる。

3 会計年度任用職員の任期は一会計年度を超えることができないことから、当該会計年度の職と同一の職務内容の職が翌年度に設置される場合でも再度任用されることはない。

4 会計年度任用職員は、従事する事務の性質等により、一般職に属する職員と特別職に属する職員に分類される。

5 会計年度任用職員の任期がその採用の日から同日の属する会計年度の末日までの期間に満たない場合、任命権者はその任期を更新することができる。

解説17

1 **誤り**。会計年度任用職員を採用する場合には、当該会計年度職員にその任期を明示しなければならない（地公法第22条の2第3項）。

2 **誤り**。再任用短時間勤務職員は会計年度任用職員に含まれない（地公法第22条の第1項第1号）。

3 **誤り**。同一の者が、平等取り扱いの原則や成績主義の下、客観的な能力実証を経て再度任用されることはあり得るものである。

4 **誤り**。会計年度任用職員は一般職の非常勤職員である。

5 **正しい**。なお、更新される場合の任期についても、その採用の日から同日の属する会計年度の末日までの期間の範囲内で定めなければならない（地公法第22条の2第4項）。

正答　5

▶問題**18**　地方公務員法に定める争議行為等の禁止に関する記述として妥当なのは、次のどれか。

1　職員は、争議行為を実行する行為またはこれを助長する行為を行ってはならないが、争議行為を実行した場合、その行為に対して刑事責任を問われることはない。

2　職員は、地方公共団体の機関が代表する使用者としての住民に対して、争議行為または怠業的行為を行ってはならないが、怠業的行為のうち経済的要求に基づくものに限って、これを行うことができる。

3　何人も、争議行為を実行する行為またはこれを助長する行為を行ってはならないが、争議行為を助長した場合、その行為に対して、刑事責任を問われることはない。

4　登録を受けた職員団体は、争議行為等により地方公共団体に経済的損失を与えた場合であっても、不法行為として損害賠償を行う必要はない。

5　争議行為を行った職員であっても、基本的にその身分が保障されているので、地方公共団体に対し、法令等に基づく任命上または雇用上の権利をもって対抗できるものとする。

▶解説**18**

1　**正しい**。争議行為を実行する行為は地方公務員法第37条第1項前段で禁止され、争議行為を助長する行為は同項後段で禁止される。前者は刑事責任の対象とならないが、後者は刑事責任の対象となる（地方公務員法第61条第4号）。

2　**誤り**。職員は、同盟罷業怠業その他の争議行為をし、または地方公共団体の機関の活動能率を低下させる怠業的行為をしてはならず（地方公務員法第37条第1項前段）、この場合、その目的にかかわらず行為自体が禁

止の対象となる。

3　**誤り**。1の解説と同様。

4　**誤り**。職員団体は労働組合法第8条の免責規定は適用されないので（地方公務員法第58条第1項）、不法行為による損害賠償を問われることがある。

5　**誤り**。雇用上の権利をもって対抗することができない（地方公務員法第37条第2項）。

正答　1

問題19　地方公務員法に定める勤務条件に関する措置要求についての記述として妥当なのは、次のどれか。

1　措置要求は、職員または職員団体が地方公共団体の長に対して、職員定数や予算について、必要な措置をとるべきことを要求するものである。

2　措置要求は、職員団体が地方公共団体の長に対して、職員の勤務条件に関して、地方公共団体の当局が適当な措置をとるべきことを要求するものである。

3　措置要求のできる者は、一般職に属する職員であり、企業職員や単純な労務に雇用されている職員も措置要求をすることができる。

4　人事委員会または公平委員会は、措置要求の判定結果により、当該事項について権限をもつ機関に対して必要な措置を求めるが、これは法的拘束力をもつ。

5　人事委員会は、措置要求を審査し、その判定結果に基づいて、他の機関の権限に属する事項については、必要な勧告を行わなければならないが、このとき、条例や規則の改廃に及ぶ内容も勧告することができる。

解説19

1　**誤り**。措置要求できる内容は、勤務条件に関する事項であるが、専ら地方公共団体の機関が判断し執行すべき管理運営事項である定数の増減や予算の増額は、これに該当しない。

2　**誤り**。職員団体は職員ではないため、措置要求することはできない（行

政実例昭和26.10.9)。

3　**誤り**。地方公営企業の職員及び単純労働職員は、措置要求することができない（地方公務員法第57条、地方公営企業法第39条1項、地方公営企業等の労働関係に関する法律附則第5項）。

4　**誤り**。人事委員会または公平委員会の行う勧告に法的拘束力はないが、勧告を受けた機関はこれを可能な限り尊重すべき政治的、道義的責任を負う。

5　**正しい**。人事委員会または公平委員会は、審査にあたり法律上の適否だけでなく、当不当の問題、さらには条例や規則の改廃についても勧告することができる。

正答　5

問題20　　地方公務員法に定める不利益処分に関する不服申し立てに関する記述として妥当なのは、次のどれか。

1　人事委員会は、不利益処分に関する不服申し立てを受理したときは、必ず口頭審理によりその事案の審査を行わなければならず、この口頭審理は、請求があった場合には、公開して行わなければならない。

2　不利益処分に関する不服申し立てによる審査を請求した職員が退職した場合においても、その退職によって請求の利益が失われることがないものについては、人事委員会は、当該請求に係る審査を行わなければならない。

3　職員は、条件附採用期間中であっても不利益処分に関する不服申し立てを行うことができるが、単純労務職員においては、これを行うことができない。

4　職員は、不利益処分を受けた場合、処分があったことを知った日の翌日から起算して1年を経過したときは、不服申し立てを行うことができない。

5　任命権者は、不利益処分を行う際には、その職員に対し処分の事由を記載した説明書を交付しなければならないとされ、その説明書の交付がない場合には、処分に効力はなく、当該職員は不服申し立てをすることができない。

1 **誤り**。処分を受けた職員から請求があったときは、口頭審理を行わなけ
　ればならず、口頭審理は、その職員から請求があったときは、公開して行
　わなければならない（地方公務員法第50条）。

2 **正しい**。懲戒処分の取り消しなどが該当する（行政実例昭和37.2.6）。

3 **誤り**。条件附採用期間中の職員は、不服申し立ての規定が除外される
　（地方公務員法第29条の２）。

4 **誤り**。処分があったことを知った日の翌日から起算して３月以内にしな
　ければならず、処分があった日の翌日から起算して１年を経過したとき
　は、することができない（地方公務員法第49条の３）。

5 **誤り**。説明書の交付は必要であるが、なくても処分は有効である（行政
　実例昭和39.4.15）。

正答　2

第6節 都政実務

都政実務の出題数は、平成29年度から出題構成が変更になり、都政事情と合わせて20問になりました。都政実務が13問程度です。これまでと同様、択一試験の中で最も大きな割合を占める科目のため、確実に得点することが合格への必須条件です。都政実務は、内容の一部が地方自治制度や地方公務員制度と重複するなど出題範囲が広く、学習には多くの時間と労力が必要になります。過去の出題傾向をよく理解し、日々の業務との関連を考えながら学習を進め、職員としての基礎能力の向上につなげてください。

出題傾向

過去10年間の出題分野は117ページのとおりです。平成29年度に出題構成が見直されましたが、引き続き同じ分野から繰り返し出題されていることが分かります。特に「人事」「文書」「財務」は例年、出題数が多い主要分野ですので、重点的に学習しましょう。

また、「組織広報その他」の分野では、「広報・広聴」「個人情報保護制度」等に関する問題が頻出となっていることに加え、近年の都庁のICT化に関連した問題も出題されています。さらに、令和元年度は3年ぶりに「問題解決技法」の分野から出題がありましたが、令和2年度も引き続き同分野からの出題がされており、今後も引き続き出題されることが予想されます。

以上のような出題傾向を踏まえて、効率よく学習を進めていきましょう。

勉強の進め方

都政実務は『職員ハンドブック』から出題されます。よく聞く勉強法は『職員ハンドブック』を分野ごとに切り分け、マーカーを引きながら読み込

むという方法です。しかし、分量が多いため、初めから『職員ハンドブック』を読んで暗記するやり方は効率的でありません。まずは、問題を実際に解いてみることをお勧めします。試験では同じような問題が繰り返し出題されているため、最初に過去問や問題集で確認し、問題のイメージや問われるポイントをつかむことが大事です。

　問題ごとに『職員ハンドブック』の該当部分を読み、選択肢の一つひとつの正誤について、その理由を確認してください。「問題を解く」→「職員ハンドブックで確認する」という流れを繰り返すことで、理解を深めていくことができます。試験範囲を網羅した問題集を1冊準備し、このやり方を3回繰り返すことを目標にしましょう。

　また、解答を読む際は条文を確認し、理解を深めてください。これにより、法律等を確認する癖がつき、普段の業務に生かすことができます。出題分野の関連項目では、直近の実績や取り組み状況が東京都ホームページに掲載されるケースがあります。内容を確認し、最新の情報を得るようにしましょう。

過去10年の出題分野

	23年	23年	25年	26年	27年
都行財政	行政委員会	行政委員会	東京の歴史	行政委員会 都財政（都税等）	都と特別区
人事	手当 公務災害補償 研修	手当 旅費 公務災害補償 研修	特別職と一般職 任用制度 勤務時間 職員団体	手当 旅費 公務災害補償 人事考課制度	給与 研修 休日日休暇 汚職防止
文書	事案決定 印刷物規程・図書類規程	事案決定 印刷物規程・図書類規程	事案決定 文書管理規程	文書決定 印刷物規程・図書類規程	文書管理規則 用字・用語
財務	決算 収入及び支出 一般競争入札 債権	決算 収入及び支出 一般競争入札 債権	予算 決算 一般競争入札 行政財産	収入 契約 債権	決算 支出 一般競争入札 物品
組織広報 その他	広報・広聴 組織原則 問題解決 今後のIT化取り組み施策	広報・広聴 組織原則 問題解決 今後のIT化取り組み施策	個人情報保護制度 都庁のIT化 問題解決技法	広報・広聴 組織形態 問題解決技法 情報セキュリティ	応対マナー 職場内コミュニケーション PDCAサイクル 都庁のIT化

	28年	29年	30年	元年	2年
都行財政	区市町村の人口と面積	東京の歴史	都と特別区	行政委員会 都財政（都税等）	都の組織
人事	一般職と特別職 勤務時間 厚生福利制度 人事考課制度	任用制度 手当 旅費 研修	公務災害補償 給与 勤務時間 介護休暇	一般職と特別職 人事考課制度 コンプライアンス	任用制度 手当 研修
文書	事案決定 公印 公会計制度	文書等の整理・保存 特別会計	事案決定 秘密文書 行政財産	公印 文書の管理	起案・供覧 公文書の整理・保存
財務	予算 契約 会計の検査・監督	収入 契約 公有財産	支出 決算 国庫支出金	一般競争入札 契約 物品	決算 収入 債権
組織広報 その他	情報公開制度 組織原則・組織形態 問題解決技法 都庁のIT化	情報セキュリティ対策 広報・広聴活動	都のIT基盤 個人情報保護制度	情報公開制度 問題解決技法・情報 セキュリティ	個人情報保護制度 問題解決技法 都庁のIT化

第2章 択一式 教養問題A

117

第6節(1) 都政実務─行財政

問題 1 地方財政に関する記述として、妥当なのはどれか。

1 市町村税のうち、法定外普通税・目的税については、その新設または変更に当たっては、あらかじめ財務大臣に協議し、同意を得なければならない。

2 地方交付税の財源である国税は、所得税、法人税、酒税、消費税及びたばこ税である。

3 地方公共団体の一般財源である地方特例交付金は、地方交付税が交付されている団体には交付されない。

4 地方債を発行することができる事業は、地方公共団体の実施する事業であれば制限がない。

5 国から地方公共団体に交付されている国庫支出金は、その使途が特定されていない。

解説 1

1 **誤り**。あらかじめ総務大臣に協議し、同意を得なければならない。

2 **正しい**。

3 **誤り**。地方交付税の交付、不交付にかかわらず交付される。

4 **誤り**。地方債を発行することができる事業は、原則として効果が後世の住民に及び、住民負担の年度間調整を図ることが公平と認められる事業に限られている。

5 **誤り**。国庫支出金は、その使途が特定されていることに特徴がある。

正答 2

問題 2 都における市町村に関する記述として、妥当なのはどれか。

1 市の数は現在26であり、その人口や行財政能力にかかわらず、処理する事務の種類及び質は必要的事務を除き、同じである。

2　町の数は現在13であり、町としての要件は、地方自治法に定める人口
　要件、市街地要件のほか、都道府県の条例で定める付加要件を満たすよう
　に法定されている。

3　村の数は現在8であり、村としての要件は法律上定められておらず、町
　と村は名称が異なるだけで権能上の差はない。

4　事務の共同処理のため、現在、病院やごみ処理施設等の設置及び管理を
　共同で行うための一部事務組合が設置されているが、広域連合については
　設置されていない。

5　島しょ地域は、伊豆諸島と小笠原諸島に分けられ、いずれも東京都離島
　振興計画に基づく各種振興事業の推進に努めている。

解説 2

1　**誤り**。必要的事務を除き、その処理する事務の種類及び質はそれぞれ異
　なる。

2　**誤り**。町となる要件は、都道府県の条例に包括的に委任されている。

3　**正しい**。

4　**誤り**。後期高齢者医療制度を運営するために、都内全区市町村で構成さ
　れた後期高齢者医療広域連合を設置している。

5　**誤り**。東京都離島振興計画は、伊豆諸島の振興に関するものである。

正答　3

問題 3　都の行政委員会に関する記述として、妥当なのはどれか。

1　人事委員会は、地方公務員法に基づき設置され、人事委員は、人事院総
　裁の同意を得て知事が選任する。

2　選挙管理委員会は、公職選挙法に基づき設置され、選挙管理委員は、都
　議会の選挙により選任される。

3　教育委員会は、地方教育行政の組織及び運営に関する法律に基づき設置
　され、教育長及び委員により組織されるが、教育長及び委員の任期はいず
　れも4年である。

4　公安委員会は、警察法に基づき設置され、公安委員は、都議会の同意を

得て知事が選任する。

5　財政委員会は、地方自治法に基づき設置され、財政委員は、都議会の同意を得て知事が任命する。

解説 3

1　**誤り**。人事委員は、都議会の同意を得て知事が選任する。
2　**誤り**。地方自治法に基づき設置される。
3　**誤り**。委員長の任期は3年、委員は4年である。
4　**正しい**。
5　**誤り**。財政委員会は、常任委員会である。

正答　4

問題 4　特別区に関する記述として、妥当なのはどれか。

1　都及び特別区の事務処理について、都と特別区の相互間の連絡調整を図るため、都と特別区をもって任意で都区協議会が設置されている。

2　特別区が地方債を発行する場合、総務大臣の許可が必要であり、自らの普通税の税率が標準税率未満である場合、起債の制限を受ける。

3　特別区は、都の同意を得れば、市町村と同様に、法定外普通税及び法定外目的税を設けることができる。

4　特別区は、原則として一般の市の事務を処理するが、行政の一体性及び統一性の確保の観点から、一体的な処理が必要な事務については都の事務とされている。

5　都の特別区は、基礎的な地方公共団体であり、区長の被選挙権は市長と同様、年齢満20歳以上、任期は4年とされている。

解説 4

1　**誤り**。都区協議会の設置は法定されており、任意設置ではない。

2　**誤り**。平成12年4月の都区制度改革により、起債の許可権者は、自治大臣から都知事へ変更されている。また、起債の制限については、特別区

は自らの普通税のほかに、都区財政調整制度の調整税（特別土地保有税を
除く）の税率が標準税率未満である場合に限り、起債の制限を受けること
になった。

3　**誤り**。特別区は市町村と同様、法定外普通税及び法定外目的税を設ける
ことができる。なお、かつては、特別区の法定外普通税の新設・変更には
都の同意が必要とされていたが、平成12年4月の都区制度改革により廃
止されている。

4　**正しい**。

5　**誤り**。区長の被選挙権は年齢満25歳以上、任期は4年である。

正答　4

問題5　東京の歴史に関する記述として、妥当なのはどれか。

1　明治31年11月に市制特例が廃止され、東京市は一般市制へと転換し
た。現在定められている「都民の日」は、このことにちなんだもので
ある。

2　昭和7年、東京府5郡82町村（荏原郡、豊多摩郡、北豊島郡、南足立
郡及び南葛飾郡）を東京市に編入し、その部分を10区に分割した。これ
により、東京市は25区となった。

3　昭和18年7月、東京府と東京市を一体化した東京都制が施行され、都
や区の自治権が広く認められることとなった。

4　昭和22年3月、区は22区に再編され、同年5月、憲法及び自治法の施
行に伴い、特別区は普通地方公共団体として位置づけられた。

5　昭和27年、大都市における行政の統一的かつ能率的な処理を確保す
る目的で、自治法が改正され、特別区は都の内部的な団体に位置付けられ
た。

解説5

1　**誤り**。東京市が一般市制に転換したのは、明治31年の10月である。

2　**誤り**。東京府5郡82町村は20区に分割され、東京市は35区となった。

3　**誤り**。戦時下における地方に対する国家統制強化の一環として都制が施

行されたことから、その内容は著しく中央集権的であった。

4　**誤り**。昭和22年5月に普通地方公共団体として位置付けられたのは東京都であり、特別区は特別地方公共団体として位置付けられた。

5　**正しい**。

正答　5

第6節(2) 都政実務─人事

問題 1

都における任期付採用制度に関する記述として、妥当なのはどれか。

1　任期付採用職員は、任期の定めのない職員とは異なり、営利企業等の従事制限に関する服務規定は適用されない。

2　特定任期付職員とは、高度の専門的な知識経験を要する業務で、内部で適任の人材を確保できないような場合に採用するものであり、昇給を予定しない特別の給料表が適用される等、給与の特例が定められている。

3　4条任期付職員とは、業務の専門性は内部で適任な人材を育成できる程度のものであるが、その育成が間に合わない場合、あるいは最新の知識・技術を要する分野など都で育成すること自体が効率的でない場合等に採用されるものである。

4　任期付研究員には、招へい型研究員と若手型研究員の二つの類型があるが、その任期は、招へい型研究員は3年以内、若手型研究員は5年以内が原則である。

5　任期付研究員の給与は、招へい型研究員と若手研究員のいずれも、任期の定めのない職員と同様の給料表が適用される。

解説 1

1　**誤り**。任期の定めのない職員と同様に、守秘義務、営利企業等の従事制限等の服務規定の適用を受ける。

2　**正しい**。

3　**誤り**。当該記述は、一般任期付職員に関する説明である。4条任期付職員は、業務の専門性によらず、一定の期間内に終了することが見込まれる業務、または、一定の期間内に限り業務量の増加が見込まれる業務に対し、期間を限って従事させることが、公務の能率的運営を確保するために必要である場合に採用されるものであり、初任給（Ⅰ類B）相当の給料が適用される。

4 **誤り**。招へい型研究員は5年以内、若手型研究員は3年以内が原則である。

5 **誤り**。招へい型研究員と若手研究員のいずれも、昇給を予定しない特別の給料表が適用される。

正答　2

問題**2**　都における職員の分限・懲戒に関する記述として、妥当なのはどれか。

1　分限処分には、降給、休職、降任、免職の4種類があり、その事由については全て地公法で定められており、条例で定めることはできない。

2　病気休職は、復職の日から起算して半年以内に再び同一の疾病により病気休職となる場合、復職前の休職期間が通算される。

3　懲戒処分には、地公法に定める訓告、減給、停職及び免職の4種類があり、その事由については、地公法の定めるところによるほか、条例で定めることができる。

4　免職とは、懲罰として職員を一定期間職務に従事させない処分であり、都においては、その期間を、1日以上6月以下としている。

5　特別職の分限及び懲戒については、一般職と異なり、地公法の適用を受けない。

解説**2**

1　**誤り**。降任及び免職については地公法で定める事由とされているが、休職は、地公法に定める事由または条例（人委規則）に定める事由、降給は、条例に定める事由とされている。

2　**誤り**。復職の日から起算して1年以内に再び同一の疾病により病気休職となる場合、復職前の休職期間が通算される。

3　**誤り**。訓告は懲戒処分には含まれず、戒告、減給、停職及び免職の4種類が懲戒処分である。また、懲戒処分の事由は全て地公法の定めるところに限られ、条例等で定めることはできない。

4　**誤り**。当該記述は停職に関する説明である。免職とは、懲罰として職員

を公務員関係から排除する処分である。

5 **正しい**。特別職については、それぞれの職の設置の根拠となる法律・条令・要綱等により規定されたところによる。

正答　5

問題3

都における職員の手当に関する記述として、妥当なのはどれか。

1　扶養手当は、扶養親族のある職員に対して支給される手当であるが、指定職及び再任用職員のみ支給されない。

2　地域手当は、民間における賃金、物価等に関する事情を考慮して支給される手当であり、その支給額は、給料及び給料の特別調整額の月額の合計額に支給割合を乗じて得た額であり、支給割合は地域ごとに定められている。

3　通勤手当は、通勤のため交通機関等を利用し、運賃等を負担することを常例とする職員及び通勤のため自転車等の交通用具を使用することを常例とする職員に対して支給されるもので、実費弁償的性格を有する手当であるが、その支給額は1か月当たり5万円が限度となっている。

4　超過勤務手当の支給額は、勤務1時間当たりの給与額に支給割合を乗じて得た額となり、深夜に超過勤務を行い、かつ月60時間を超えて超過勤務を行った場合、その支給割合は100分の175となる。

5　退職手当の額は、退職時の給料月額（本給のみ）に勤続期間に応じた支給率を乗じて計算される「退職手当の基本額」と職責に応じたポイント制に基づく「退職手当の調整額」の合計額であるが、勤続期間のうち1年未満の端月数は切り捨てとなる。

解説3

1　**誤り**。指定職及び再任用職員のほか、部長級職員にも扶養手当は支給されない。

2　**誤り**。地域手当の支給額は、給料、給料の特別調整額及び扶養手当の月額の合計額に支給割合を乗じて得た額である。

3　**誤り**。通勤手当の1か月当たりの限度額は5万5000円となっている。

4 **正しい**。

5 **誤り**。退職手当額の計算に用いられる勤続期間は、1年未満の端月数について、6月以上を1年に切り上げ、6月未満を切り捨てる。ただし、定年退職等及び整理退職等の場合の端数は、1年に切り上げる。

正答　4

問題4　都の給与に関する記述として、妥当なのはどれか。

1　給与とは、それぞれの職員について定められた正規の勤務時間による勤務に対する報酬であって、給料の中から諸手当を除いたものである。

2　昇給とは、職員の職務の級をその上位の級に変更することをいう。

3　昇格とは、給料月額を同じ級の上位の号給の給料月額に変更することをいう。

4　都の給料表のうち、指定職給料表の適用範囲は、警察職員及び消防職員で人事委員会が定めるものである。

5　初任給の級号給は、初任給規則で定められた初任給基準表により決定される。基準を超える有用な学歴・経験等がある場合は、それに応じ一定の調整が加えられる。

解説4

1　**誤り**。給与と給料の記述が逆である。

2　**誤り**。当該記述は、昇格に関する説明である。

3　**誤り**。当該記述は、昇給に関する説明である。

4　**誤り**。指定職給料表の適用範囲は、局長その他の職員で人事委員会が定めるものである。本肢で記述のある「警察職員及び消防職員で人事委員会が定めるもの」は、公安職給料表が適用される。

5　**正しい**。

正答　5

問題5 都における職員の手当及び旅費に関する記述として、妥当なのはどれか。

1 地域手当の支給割合は地域ごとに定められており、23区においては20％、市町村（島しょを除く）においては12％と定められている。

2 住居手当は、民間の社宅に入居している職員には支給されるが、都の公舎、国の官舎に入居している職員には支給されない。

3 勤勉手当とは、6月（夏季）及び12月（年末）の各期に職員の在職期間に応じて支給される手当であり、手当の額は、夏季、年末ともに給与月額に支給率等を乗じて得た額となっている。

4 近接地内旅費における旅行雑費は、当該旅行が引き続く5時間以上で、かつ、在勤庁から1kmを超える場合に、旅行中の通信連絡費等の諸雑費に充てるため、200円の定額を支給する。

5 旅行命令は、電信、電話、郵便等の通信による連絡手段によっては公務の円滑な遂行を図ることができない場合で、かつ、予算上旅費の支出が可能である場合に限り、旅行命令権者が発することができる。

解説5

1 **誤り**。23区及び都内市町村（島しょを除く）においては20％、都外市町においては12％と定められている。

2 **誤り**。都の公舎、国の官舎に加え、民間の社宅に入居している職員についても支給対象外である。

3 **誤り**。当該記述は期末手当に関する説明である。勤勉手当は、6月（夏季）及び12月（年末）の各期に職員の勤務成績に応じて支給される手当であり、手当の額は、夏季、年末ともに、給与月額に成績率等を乗じて得た額となっている。

4 **誤り**。旅費条例の改正に伴い、令和3年4月から近接地内旅費の旅行雑費定額支給は廃止され、公務上の必要によりやむを得ず負担した通話料金等の額が支給されることとされた。

5 **正しい**。

正答　5

都の任用制度に関する記述として、妥当なのはどれか。

1 都職員の採用は、原則として学力（能力）主義を採用しており、人事委員会が実施する採用選考により行うことが原則である。
2 臨時的任用は、緊急の場合、臨時の職に関する場合または採用（昇任）候補者名簿がない場合、人事委員会の承認を得て、1年を超えない期間で任用できる。
3 職員の採用区分の変更は、能力認定制度により実施するため、職員が採用試験を受けなおすことは認められていない。
4 会計年度任用職員の任用に当たっては、原則として公募の上、選考による能力実証を経て行う。
5 会計年度任用職員の任用に当たっては、能力実証を経たうえで、最大3回まで公募によらない再度任用を行うことができる。

解説 6

1 **誤り**。前段は正しいが、採用選考ではなく、採用試験により行うことを原則としている。
2 **誤り**。人事委員会の承認を得て、6月を超えない期間で任用できる。この場合、人事委員会の承認を得て、6月を超えない期間で、1回に限り更新することができる。
3 **誤り**。都では、地公法の平等原則を勘案し、平成27年度をもって能力認定制度を廃止し、平成28年度から、希望する職員に対し採用試験の受け直しを可能とした。
4 **正しい**。
5 **誤り**。能力実証を経たうえで、最大4回まで公募によらない再度任用を行うことが可能である。

正答 4

問題 7 都における職員の離職に関する記述として、妥当なのはどれか。
1 失職とは、職員が一定の事由により当然に離職するものであり、定年退

128

職も失職に含まれる。

2　退職とは、任命権者の行政処分によって離職するものであり、死亡退職は退職ではなく、失職に含まれる。

3　定年制は、地方公共団体の適正な退職管理制度を整備することで職員の新陳代謝を促進するものであり、定年年齢は地公法で定められている。

4　勤務延長は、その職員の退職により公務の運営に著しい支障が生ずるとき、その他の条例で定める要件に該当するときに、5年を超えない範囲内で期限を定め、その職員を引き続いて勤務させるものである。

5　再任用職員は、常時勤務を要する職（フルタイム勤務）及び短時間勤務の職ともに地公法上の一般職であり、いずれも非常勤の職と位置付けられている。

解説 7

1　**正しい。**

2　**誤り。**死亡退職は、依願退職ではなく、また行政処分としての退職発令を行う余地はないが、法律効果などの点から、広い意味での辞職に含まれるものとして、退職に分類されている。

3　**誤り。**定年年齢等の具体的な事項は、国家公務員の定年を基準として、条例で定めることとされている。

4　**誤り。**勤務延長は、1年を超えない範囲内で期限を定め、その職員を引き続いて勤務させることができる。なお、その期限は定年退職日の翌日から起算して最高3年まで延長できる。

5　**誤り。**常時勤務を要する職（フルタイム勤務）は常勤職員、短時間勤務職員は非常勤である。

正答　　1

問題 8

都の一般職員の人事考課制度に関する記述として、妥当なのはどれか。

1　業績評価制度の評定者は、原則として、第一次評定者は課長、調整者は部長、最終評定者は局長であることが定められている。

2 業績評価制度の評定基準日は、毎年度3月31日であり、第一次評定では、1年間の仕事の成果と職務遂行の過程で発揮された能力や取り組み姿勢を相対評価で評定する。

3 自己申告の申告対象者は、原則として監督職及び一般職員の全職員とされ、再任用職員や管理職候補者も申告対象者に含まれている。

4 自己申告制度における目標・成果シートは、目標の設定から成果の確認までの一連の過程を通して、職員の能力・意欲の向上を図ることを目的としていることから、管理職が業績評価を実施する際の評定材料としてはならないとされている。

5 所属課長は、職員から提出された自己申告を基に面接を行い、十分な意見交換により職員の異動に関する意向や適性を十分に踏まえたうえで、異動に関する意見や行動特性、職務に関する強みなどを人材情報として記録することとされている。

解説8

1 **誤り**。最終評定者は人事主管部長である。

2 **誤り**。評定基準日は12月31日である。また、第一次評定は絶対評価による評定である。

3 **誤り**。管理職候補者は申告対象者から除かれる。

4 **誤り**。目標・成果シートの記入内容は、自己採点シートの自己採点結果と合わせて、管理職が業績評価を実施する際の評定材料の一つとして位置付けられている。

5 **正しい**。

正答　5

問題9　都における研修に関する記述として、妥当なのはどれか。

1 地方公務員法では、研修の実施主体について特段の定めはないが、都では、任命権者が研修の実施主体であることを定めている。

2 知事部局では知事が研修に関する基本方針を策定し、一般財団法人東京都人材支援事業団がその方針に沿って研修に関する基本計画及び中央研修

に関する実施計画を策定している。

3 研修基本方針では、職員研修の目標として五つの目標を掲げており、これらの目標の達成には、中央研修等の職場外研修が最も効果的な研修であると示している。

4 OJTとは、職場において、上司・先輩等から仕事を通じて職務に必要な知識・ノウハウ等を学ぶものであるが、その実態は職務の遂行そのものであることから、研修とは位置付けられていない。

5 自己啓発とは、職員が自ら育つ意識をもって、勤務時間外において自らの能力開発・向上を行う主体的な取り組みであり、都では、職員に対し、自己啓発に関する豊富で具体的な選択肢を提示するとともに、費用面のサポートを実施している。

解説 9

1 **誤り。**地方公務員法に、研修は、任命権者が行うものとすると定められている。

2 **誤り。**知事部局では総務局長が研修に関する基本方針を策定し、総務局人事部長がその方針に沿って研修に関する基本計画及び中央研修に関する実施計画を策定している。

3 **誤り。**職場外研修、OJT、自己啓発のそれぞれのメリットを組み合わせ、互いに機能を高めるような形で総合的に人材育成を展開することが必要である。

4 **誤り。**OJTは研修の3本柱のうちの一つであると位置づけられている。

5 **正しい。**

正答 5

問題 10 職員団体に関する記述として、妥当なのはどれか。

1 在籍専従とは、職務に専念することなく、専ら職員団体等の業務に従事することをいい、職員としての身分は失われる。

2 管理職員等も一般職員である以上、職員団体を結成することはできるが、管理職員等とそれ以外の一般職員とが一体となって同一の職員団体を

組織することはできない。

3 事前に交渉に関する必要な事項を取り決めるための打ち合わせである予備交渉を行わなくても、職員団体と交渉を行うことができる。

4 職員団体等が当局と交渉する事項は、職員の勤務条件に関わる事項に加え、職員定数の決定など管理運営事項も含まれる。

5 職員団体は、職員が勤務条件の維持改善を図ることを目的として組織する団体またはその連合体であり、警察職員及び消防職員も職員団体を結成することができる。

解説10

1 **誤り**。在籍専従とは、職員が職員としての身分を保有しながら、職務に専念することなく、専ら職員団体等の業務に従事することをいう。

2 **正しい**。

3 **誤り**。職員団体と交渉を行う場合には、予備交渉を行わなければならない。

4 **誤り**。職員団体等は、職員の勤務条件の維持改善を図ることを目的として組織されているものであり、職員団体等が当局と交渉する事項も、職員の勤務条件に関わる事項に限られる。

5 **誤り**。警察職員及び消防職員は、職員団体を結成することができない。

正答　2

問題11　都の給与に関する記述として、妥当なのはどれか。

1 給与条例主義とは、いかなる給与その他の給付も条例に基づいて支給しなければならないとする原則であり、自治法に掲げられている給与の種類は、限定列挙とされている。

2 憲法14条に定める平等取り扱いの原則は、地方公務員の給与には適用されないため、職務の質や責任の度合い、職員の勤務成績などによって、個々の職員の給与額を決定することは、憲法に反しない。

3 情勢適応の原則とは、地方公共団体は、職員の給与、勤務時間その他の勤務条件が社会一般の情勢に適応するように、随時、適当な措置を講じな

ければならないとする原則である。

4　給与均衡の原則とは、給与は職員の生活を保障し、労働力の再生産を賄い得る程度のものであることも必要であることから、給与決定に当たっては生計費についても考慮して定めなければならないとする原則である。

5　労基法に定める賃金に関する規定は、地方公務員は適用除外とされている。

解説11

1　**誤り**。給与条例主義とは、地方公共団体は、いかなる給与その他の給付も法律またはこれに基づく条例に基づかずには支給することができないとするものであり、自治法第204条は、常勤の地方公務員に支給できる給与の種類を全て掲げている。

2　**誤り**。平等取り扱いの原則は、職員の給与についても適用される。職務の質や責任の度合い、職員の勤務成績などによって、個々の職員の給与額を決定することは、平等取り扱いの原則に反するものではない。

3　**正しい**。

4　**誤り**。当該記述は、生活費考慮の原則についての説明である。給与均衡の原則とは、職員の給与は、国及び他の地方公共団体の職員並びに民間事業の従事者の給与その他の事情を考慮して定められなければならないとする原則である。

5　**誤り**。労基法の規定は、国家公務員については適用されないが、地方公務員については特に明文をもって適用除外されているもののほかは全て適用される。

正答　3

問題12

都の勤務時間に関する記述として、妥当なのはどれか。

1　勤務時間とは、職員が任命権者の指揮監督の下に職務に専念することを義務付けられている時間をいい、正規の勤務時間や超過勤務は勤務時間に含まれるが、宿日直勤務については勤務時間に含まれない。

2　休憩時間とは、職員が勤務時間の途中において、勤務から解放され、自

己の時間として自由に利用することが保障されている時間をいい、都では、勤務時間が6時間を超える場合は、一律1時間の休憩時間を与えることとされている。

3　休暇とは、一定の事由のある場合、職員が任命権者の承認を得て、勤務することを一時的に免除される勤務条件上の制度をいう。

4　週休日とは、特に勤務することを命ぜられる場合を除き、正規の勤務時間においても勤務することを要しない日をいう。

5　休日とは、本来職員が勤務する義務を課せられていない日（正規の勤務時間を割り振られていない日）をいう。

解説12

1　**誤り**。宿日直勤務も勤務時間に含まれる。

2　**誤り**。一律1時間ではなく、勤務時間が6時間を超える場合は少なくとも45分、8時間を超える場合は1時間、継続して1昼夜にわたる場合は1時間30分以上の休憩時間を与えることとされている。

3　**正しい**。

4　**誤り**。当該記述は、休日についての説明である。

5　**誤り**。当該記述は、週休日についての説明である。

正答　3

問題13

都における職員の労働関係に関する記述として、妥当なのはどれか。

1　公務員は、憲法第28条にいう勤労者であることに変わりはないが、全体の奉仕者として公共の利益のために勤務する点において一般の民間労働者とは異なり、労働基本権が制限されている。

2　一般職員と企業職員とでは労働関係についての適用法が異なり、一般職員の結成する組合を「労働組合」、公営企業職員の結成する組合を「職員団体」と呼ぶこととされている。

3　在籍専従とは、職員が職員としての身分を保有しながら、職務に専念することなく、専ら職員団体等の業務に従事することをいい、その効果とし

て、公務員としての服務上の義務が免除される。

4　職員団体には職員の給与、勤務条件等に関して当局と交渉する権利が認められており、交渉の結果として「団体協約」を締結する権利が認められ゛いる。

5　職員団体等が当局と交渉する事項は、職員の勤務条件に限らず、行政組織の改廃や予算編成など、都政全般に及ぶ。

解説13

1　**正しい。**

2　**誤り。** 労働組合と職員団体の記述が逆である。

3　**誤り。** 在籍専従は、職員としての身分を保有している点から、他の一般職員と同様に公務員としての服務上の義務と責任を負う。

4　**誤り。** 地方公務員の給与等の勤務条件が法律、条例等、究極的には住民の意思により決定されることを反映して、交渉の結果として「団体協約」を締結する権利は認められず、法規範性のない「書面による協定」を締結できるにとどまる。

5　**誤り。** 職員団体等は、職員の勤務条件の維持改善を図ることを目的として組織されているものであり、当局と交渉する事項は、職員の勤務条件に関わる事項に限られる。そのため、行政組織の改廃や予算の編成は交渉の対象事項とはならず、その組織改廃や予算編成の結果、職員の給与や勤務時間といった勤務条件が影響を受ける場合、その勤務条件に関する部分については、交渉の対象となる。

正答　1

問題14

都における公務災害補償に関する事項として、妥当なのはどれか。

1　地方公務員に対する災害補償は、地方公務員法に基づき、全国の地方公務員について統一的に行われている。

2　地方公務員災害補償制度においては、公務上の災害について、使用者である地方公共団体等の過失が認められる場合に、使用者の補償義務が発生

するものとされている。

3 非常勤職員に対する補償制度は、各地方公共団体が条例で定めることと
なっている。

4 通勤災害の認定要件は、通勤の途上で発生した災害が対象であり、通勤
経路を逸脱又は中断した場合においては、その間に発生した災害に限り対
象から除かれる。

5 補償には、療養補償、休業補償、傷病補償年金、障害補償、遺族補償な
どがあり、公務災害又は通勤災害が発生した場合、使用者である地方公共
団体等は直ちに認定要件を確認し、補償を行わなければならない。

解説14

1 **誤り**。地方公務員に対する災害補償は、地方公務員災害補償法に基づき
行われている。

2 **誤り**。公務上の災害について使用者の無過失責任主義を取り、地方公共
団体等に過失がなくても補償義務が発生するものとされる。

3 **正しい**。

4 **誤り**。通勤経路を逸脱又は中断した場合においては、その間及びその後
の移動中の災害は除かれる。

5 **誤り**。傷病補償年金を除く各種補償の実施に当たっては、当該補償を受
けるべき職員又はその遺族等の請求があって初めて認定を行い、補償を行
う。

正答 3

第6節⑶ 都政実務─**文書**

> **問題 1** 都における決定関与に関する記述として、妥当なのはどれか。

1　決定関与とは、当該事案の決定権者以外の者で、その事案の処理について何らかの関係を有し、その決定内容に意見を表明すべき職位にある者による、事案決定への意思表示をいう。

2　審議とは、主として法令の適用関係の適正化を図る目的で起案文書について調査検討し、その内容及び形式に対する意見を決定権者に表明することをいう。

3　審査とは、主管の系列に属する者とそれ以外の者とが、それぞれ、その職位との関連において起案文書の内容及び形式について意見の調整を図ることをいう。

4　協議とは、主管の系列に属する者がその職位との関連において、事案決定のための案を記載した電子文書または文書について調査検討し、その内容及び形式に対する意見を決定権者に表明することをいう。

5　決定関与は、電子関与方式もしくは書面関与方式のいずれかで行わなくてはならない。

> **解説 1**

1　**正しい**。

2　**誤り**。当該記述は、審査に関する説明である。

3　**誤り**。当該記述は、協議に関する説明である。

4　**誤り**。当該記述は、審議に関する説明である。

5　**誤り**。電子関与方式、書面関与方式のほかに、会議方式がある。会議方式は、電子関与方式または書面関与方式によることが適当でないときに、当該事案の決定関与者を招集して開催する会議の場において当該事案に係る決定案を示して発言を求める方式である。

正答　1

問題2　都における事案決定手続きに関する記述として、妥当なのはどれか。

1　決定権者が知事である文書の起案者は、課長代理以上の職位にある者である。
2　事案の決定権者が出張、休暇等により不在の場合で、至急決定を要する場合の決定方法は、臨時代行によらなければならない。
3　事案を決定すべき者が、当該事案の決定の結果の重大性が自己の負いうる責任の範囲を超えると認めるときは、その理由を明らかにして上位の職にある者の決定を求めることができる。
4　起案者は、起案文書の内容について責任を有する者という意味であることから、自ら起案文書を作成しなければならない。
5　事案決定に当たっては、極めて軽易な事案を含めて、必ず文書（電磁的記録を含む）により意思決定を行わなくてはならない。

解説2

1　**誤り**。決定権者が知事の場合、起案者は課長（専門課長を含む）以上の職位にある者となる。
2　**誤り**。臨時代行のほか、「委譲した者による決定」が認められている。
3　**正しい**。
4　**誤り**。起案者は、起案文書の内容について責任を有する者という意味であるから、必ずしも自ら起案文書を作成する必要はない。したがって、起案文書を作成する者が起案者と別に存在しても差し支えない。この場合の起案文書の作成者を「事務担当者」という。
5　**誤り**。公文書管理条例第6条第1項において、「極めて軽易な事案を除き、文書（電磁的記録を含む）によりこれを行わなければならない」と規定されている。

正答　3

問題3　都における秘密文書の取り扱いに関する記述として、妥当なの

はどれか。

1 秘密文書とは、文書課長が秘密の取り扱いをする必要がある公文書として、知事が定める実施細目に従い指定するものである。

2 文書課長は、秘密文書について、秘密の取り扱いを必要としなくなったとき、または情報公開条例の規定に基づき当該文書の開示の決定があったときは、秘密文書の指定を解除する。

3 時限秘の秘密文書については、当該期限の到来後一カ月以内に指定解除の手続きを行わなくてはならない。

4 秘密文書の全部または一部を複写する場合は、文書課長の許可を受けなければならない。

5 秘密文書の作成及び配布に際しては、作成部数及び配布先を明らかにしておかなければならない。

解説3

1 **誤り**。秘密文書は、主務課長が秘密の取り扱いをする必要がある公文書として、各局長が定める実施細目に従い指定するものである。

2 **誤り**。秘密文書の指定解除を行うのは、文書課長ではなく主務課長である。

3 **誤り**。時限秘の秘密文書については、当該期限の到来により、指定が解除されたものとみなす。

4 **誤り**。文書課長の許可ではなく、主務課長の許可を受けなければならない。

5 **正しい**。

正答　5

問題4 都における文書の起案及び供覧に関する記述として、妥当なのはどれか。

1 起案は、原則として、起案者が、起案用紙に事案の内容その他所要事項を記載し、その起案者欄に署名し、又は押印することにより行う。

2 起案用紙には、甲及び乙の2種類の様式があり、乙の表面には、件名等を記載する欄が設けられており、この部分により当該起案文書がどのよう

なことを決定しようとする文書なのか、決定権者は誰か、決定後何をどのような形で施行するのかなどが一目で把握できるようになっている。

3 収受文書に基づいて起案する場合で、当該事案の内容が軽易なものであるときは、起案用紙に代えて別の起案帳票を用いて行うことができ、この処理方式を簡易処理方式という。

4 決定権者の決定は、決定関与者の関与が終了したことを確認してから行うが、これは決定権者と同一の職位にある者に協議を行うときには当てはまらない。

5 収受文書や事務担当者が自ら作成した文書のうち、起案を要しないものの、関係者に周知する必要がある文書は、文書総合管理システムによる電子回付方式又は書面回付方式により供覧を行うが、供覧文書の保存期間は1年又は3年となっている。

解説 4

1 **誤り**。起案は、原則として、起案者が、文書総合管理システムに事案の内容その他所要事項を入力し、起案した旨を電磁的に表示し、記録することにより行う。

2 **誤り**。表面に件名等を記載する欄が設けられているのは、起案用紙の甲である。

3 **誤り**。収受文書に基づいて起案する場合で、当該事案の内容が軽易なものであるときは、当該収受文書の余白を利用して起案を行うことができ、これを簡易処理方式という。

4 **誤り**。決定権者と同一の職位にある者に協議を行うときにも、決定権者の決定は、決定関与者の関与が終了したことを確認してから行う。

5 **正しい**。

正答 5

問題 5 都における文書の施行に関する記述として、妥当なのはどれか。

1 決定された起案文書の内容を、施行するため清書することを浄書、決定された起案文書と浄書文書が同一かどうかを確認することを照合という

が、電子決定方式により決定された事案を施行する場合には、浄書及び照
合について省略することができる。

2　公印とは、公務上作成された文書に使用する印章又はその印影をいい、
公印偽変造又は不正使用の行為については、刑法により私印の偽変造又は
不正利用と同様に罰せられる。

3　照合を終了した浄書文書には、原則として公印を押印しなければならな
いが、法律効果を伴わない単なる事実の通知、照会、回答等の軽易な公文
書や対内文書については、公印を省略することができる。

4　契印は、施行文書が決定済みの起案文書と照合され、発信されたことを
認証するものであり、割印は、権利の得喪に関する文書その他特に重要な
文書について、抜取りや差し替えを防止し、正しく連続していることを認
証するものである。

5　公告とは、広義では、公の機関が特定の事項を広く一般の人に知らせる
ことをいうが、公告の方法は、都では原則として、広報東京都によること
とされている。

解説 5

1　**誤り**。電子決定方式により決定された事案を施行する場合においても、
回付中の訂正等を正しく反映するなど、起案文書の案文に基づいて適正に
浄書し、照合する必要がある。

2　**誤り**。刑法は公印のもつ重要性を考慮し、公印偽変造又は不正使用の行
為を私印のそれに比べ、より厳しく罰している。

3　**正しい**。

4　**誤り**。選択肢は割印と契印の説明が逆になっている。

5　**誤り**。公告の方法は、原則として東京都公報登載によることとされている。

正答　3

問題 6

都における文書の整理・保存及び廃棄に関する記述として、妥
当なのはどれか。

1　使用を終了した全ての公文書は、公文書の紛失・破損の防止、公文書の

開示請求への迅速な対応等を可能とするためにも、必ずファイル責任者に引き継ぎ、課の共有の財産として管理し、保存しなければならない。

2　公文書の保存期間は、法令等の定め、公文書の効力、重要度、利用度の4点を考慮して定めるものとされ、行政運営上の必要性及び都民の立場から見た利用価値を十分に考慮する必要があるが、保存期間を定める上で他に考慮すべき事項はない。

3　保存期間が1年未満である公文書の保存期間が満了する日は、当該公文書を職務上作成し、又は取得した日が含まれる年度の末日である。

4　公文書館では、各局から引き継がれた公文書等を保存し、利用に供しており、その利用については、都民等が利用する一般利用と、都職員が職務上利用する行政利用とがあるが、一般の利用は、作成又は取得後10年経過した公文書等が閲覧対象となる。

5　重要な公文書を廃棄しようとするときは、あらかじめ局の庶務主管課長等の承認が必要であるが、都の知事部局においては、決定権者が局長以上の職にあり、かつ、保存期間が10年以上の起案文書等を、重要な公文書としている。

解説6

1　**正しい。**

2　**誤り。**公文書の資料価値や、文化遺産としての保存の必要性等についても考慮しなければならない。

3　**誤り。**当該公文書を職務上作成し、又は取得した日から起算して1年未満の期間内において事務遂行上必要な期間の終了する日である。

4　**誤り。**一般の利用については、作成又は取得後30年経過した公文書等が閲覧対象となる。

5　**誤り。**重要な公文書とされているのは、決定権者が部長以上の職にあり、かつ、保存期間が5年以上の起案文書等である。

正答　　1

問題 7 都における印刷物の取り扱いに関する記述として、妥当なのは
どれか。

1 印刷物とは、書籍、ポスター、リーフレット、写真等、電磁的記録媒体
を除いた一切の印刷物をいう。

2 印刷物のうち、重要な印刷物を作成しようとするときは、局または所の
庶務主管課長に協議を行う。

3 印刷物の作成に当たっては、最小の経費で作成することが求められ、庁
内においては、原則配布を行ってはならない。

4 印刷物取扱規程に基づき、印刷物作成の主管課長は、印刷物作成の都度
直ちに1部を生活文化局広報広聴部都民の声課に送付しなければならない。

5 帳簿、封筒類等一定の印刷物については、特に軽易な印刷物として協
議、登録等が不要とされている。

解説 7

1 **誤り**。印刷物には、映画フィルム、ビデオテープ等の電磁的記録媒体も
含まれる。

2 **誤り**。重要な印刷物を作成しようとするときは、庶務主管課長ではな
く、文書課長への協議が必要である。

3 **誤り**。庁内においては、共有化を心掛け、必要最小限の配布を行うよう
にする。

4 **誤り**。生活文化局広報広聴部都民の声課ではなく、文書課長に送付する
ことと規定されている。

5 **正しい**。

正答　5

問題 8 都における図書類の取り扱いに関する記述として、妥当なのは
どれか。

1 定期購読図書類を購入する場合は、文書課長に協議を行う。

2 高額図書類とは、定期購読図書類以外の図書類で、予定価格が20万円

以上のものをいう。

3　指定図書類とは、定期購読図書類及び高額図書類以外の図書類をいう。

4　購入した図書類は、局の庶務主管課長が整理保管を行わなくてはならない。

5　高額図書類を廃棄する場合は、高額図書類登録台帳の備考欄に廃棄年月日を記載し、確認者印を押印する。

解説8

1　**誤り**。定期購読図書類を購入する場合は、庶務主管課長ではなく、文書課長に協議する。

2　**誤り**。高額図書類とは、定期購読図書類以外の図書類で、予定価格が5万円以上のものをいう。

3　**誤り**。当該記述は、一般図書類についての説明である。指定図書類とは、総務局長が定めるところにより、購入する局、部、所または課及び購入する目的を指定した図書類をいう。

4　**誤り**。局の庶務主管課長ではなく、文書主任または文書取扱主任が整理保管を行う。

5　**正しい**。

正答　5

問題9
都における文書の収受及び配布に関する記述として、妥当なのはどれか。

1　文書の収受とは、一般に、団体等において、文書がその団体等に到達したことを確認し、当該文書を受領した後、規定に定められた手続を行うことをいう。

2　文書総合管理システムを利用して主務課に到達し、又は記録した電子文書は、主務課長に配布するものとする。

3　局に直接到達した文書を除く、本庁に到達した電子文書以外の文書について、秘書課長は、親展文書その他開封を不適当と認める文書を除き、知事又は副知事宛ての文書を開封する。

4 局に直接到達した文書を除く、本庁に到達した電子文書以外の文書のうち、複数局に関連する文書は、文書課長が正本を最も関係の深い局の庶務主管課長に配布し、写しを文書課長が保管する。
5 主務課に到達した電子文書以外の文書のうち、保存期間が1年未満の文書について、主務課長は、文書の余白に収受印を押し、文書総合管理システム又は特例管理帳票に文書管理事項を記録して、事務担当者に引き渡す。

解説9

1 **正しい。**
2 **誤り。**文書総合管理システムを利用して主務課に到達し、又は記録した電子文書は、当該到達した電子文書の事務担当者に配布するものとする。
3 **誤り。**親展文書その他開封を不適当と認める文書を除き、知事、副知事又は都宛ての文書は、文書課長が開封する。
4 **誤り。**複数局に関連する文書は、文書課長が正本を最も関係の深い局の庶務主管課長に配布し、写しをその他の局の庶務主管課長に配布するとともに、その旨をそれぞれの文書の余白及び文書授受簿に記載し、受領印を押させる。
5 **誤り。**選択肢に記載の処理を行うのは、保存期間が1年以上の文書である。

正答　1

問題10
東京都文書管理規則に定める秘密文書に関する記述として、妥当なのはどれか。
1 秘密文書とは、文書課長が秘密の取り扱いをする必要があるとして指定した文書等で、その範囲は職員が職務上作成し、または取得した文書、図画、写真、フィルム及び電磁的記録である。
2 秘密文書の全部または一部を複写する場合は、事後に文書取扱主任に報告をしなければならない。
3 時限秘の秘密文書については、当該期限の到来後、文書課長の決定により指定が解除される。

4 秘密文書は、電子文書である場合には、文書総合管理システムにおいて
その秘密の保持に努め、またそれ以外の文書等については、他の文書等と
同様に、施錠のできる金庫、ロッカー等に厳重に保管しておかなければな
らない。

5 秘密文書は、主務課長の十分な注意の下、文書保存委託の対象とされて
いる。

解説10

1 **誤り**。秘密文書の指定は主務課長が行う。なお、秘密文書の範囲につい
ての記述は正しい。

2 **誤り**。秘密文書の全部または一部を複写する場合は、主務課長の許可を
受けなければならない。

3 **誤り**。時限秘の秘密文書については、当該期限の到来により、指定が解
除されたものとみなされる。

4 **誤り**。他の文書等と区別し、施錠のできる金庫、ロッカー等に厳重に保
管しておかなければならない。

5 **正しい**。

正答　5

第6節(4) 都政実務─財務

問題1 都における予算に関する記述として、妥当なのはどれか。

1 会計年度独立の原則とは、一会計年度における一切の収入及び支出は、全てこれを歳入歳出予算に編入しなければならないとする原則である。

2 事前承認（議決）の原則とは、予算は、始期以前に議会の議決を経て、始期と同時に効力を生ずるものとする原則であるが、暫定予算には、本原則は適用されない。

3 単一予算主義の原則とは、予算を単一の見積表により、あらゆる歳入・歳出を包含し、かつ、予算の調製は一年度一回を適当とする原則である。

4 歳入予算は、単に収入の見積もりであるため、歳入予算の見込み違いがあったとしても、住民に対する政治的責任を負うものではないと考えられている。

5 会計管理者は、予算に定めのない経費であっても、当該支出負担行為が法令又は予算に違反していないことを確認した上であれば、当該経費の支出を行うことができる。

解説1

1 **誤り**。当該記述は、総計予算主義の原則についての説明である。会計年度独立の原則とは、各会計年度における歳出は、その年度の歳入をもって、これに充てなければならないとする原則である。

2 **誤り**。暫定予算も同様に、事前承認（議決）の原則が及ぶ。

3 **正しい**。

4 **誤り**。歳入予算の見込み違いは、執行者の法的責任はともかく、行政執行の信託を受けたものとして、住民に対する政治的責任があると考えられている。

5 **誤り**。予算に定めのない経費の支出は、絶対に行うことができない。

正答 3

問題 2 都におけるに決算に関する記述として、妥当なのはどれか。

1 会計管理者は、毎会計年度、出納閉鎖後1か月以内に決算を調製し、長に提出しなければならない。

2 「歳入歳出決算書」には、議会の認定の対象となる款・項・目・節を掲げることとされている。

3 各局長はその主管に属する貸借対照表、行政コスト計算書、キャッシュ・フロー計算書及び正味財産変動計算書を会計別に作成し、翌年度6月20日までに会計管理者に送付しなければならない。

4 各局長は、その主管に属する款別決算の執行概要及び増減説明書を作成し、翌年度の7月20日までに会計管理者に送付しなければならない。

5 各局長は、毎会計年度、その主管に属する局別科目別決算資料を作成し、翌年度の8月10日までに会計管理者に送付しなければならない。

解説 2

1 **誤り**。出納閉鎖後3か月以内に調製して、長に提出しなければならないと規定されている。

2 **誤り**。「歳入歳出決算書」には、議会の認定の対象となる款・項のみを掲げ、目・節は、決算の附属書類に委ねている。

3 **誤り**。6月20日までではなく、8月10日までである。

4 **正しい**。

5 **誤り**。8月10日までではなく、6月20日までである。

正答　4

問題 3 都における公金の取扱いに関する記述として、妥当なのはどれか。

1 局又は所において、それぞれの所管に属する収入の事実が発生したときに、これを徴収する権限について知事から委任を受けた者を歳入徴収者と称し、当該局又は所の長をもって充てている。

2 局又は所に属する収入及び支出の命令に関する事務の委任を受けた者を

収支命令者と称し、当該局又は所の長をもって充てている。

3　資金前渡受者は、故意により現金を亡失した場合、これによって生じた損害を賠償しなければならないが、過失により現金を亡失した場合には、損害を賠償する必要はない。

4　都では給与、旅費及び児童手当の支払を、資金前渡の方法によることとしており、この資金前渡を受ける者を特に給与取扱者と称しているが、給与取扱者には、予算事務を主管する課長又は課長相当職にある者を充てている。

5　指定金融機関は、普通地方公共団体の公金の収納及び支払の事務を取り扱う金融機関であって、指定に当たっては知事の同意を必要とする。

解説 3

1　**正しい**。

2　**誤り**。収支命令者には、予算事務を主管する課長又は課長相当職にある者を充てている。

3　**誤り**。過失により現金を亡失した場合にも、損害を賠償しなければならない。

4　**誤り**。給与取扱者は、局又は所の給与事務等を取り扱う課長代理又は係員のうちから、局長が指定する。

5　**誤り**。指定金融機関の指定に当たっては議会の議決を必要とする。

正答　1

問題 4

都における会計事務に関する記述として、妥当なのはどれか。

1　歳入徴収者とは、局又は所において、それぞれの所管に属する収入の事実が発生したときに、これを徴収する権限について知事から委任を受けた者をいい、歳入事務を主管する課長又は課長相当職にある者を充てている。

2　収支命令者とは、局又は所に属する収入及び支出の命令に関する事務の委任を受けた者をいい、当該局又は所の長を充てている。

3　局長は、特に必要があるときは、課長以外の職員又は他の地方公共団体の職員を資金前渡受者に指定することができる。

4　都では給与、旅費及び児童手当の支払を、資金前渡の方法によることとしており、この資金前渡を受ける者を特に資金前渡者と称している。

5　資金前渡受者は、故意又は重大な過失により現金を亡失した場合、これによって生じた損害を賠償しなければならない。

解説 4

1　前段は正しいが、後段が**誤り**。歳入徴収者には、当該局又は所の長を充てる。

2　前段は正しいが、後段が**誤り**。収支命令者は、予算事務を主管する課長又は課長相当職にある者を充てる。

3　**正しい。**

4　**誤り**。当該記述は、給与取扱者に関する説明である。資金前渡受者とは、外国において支払をする経費、事業現場で直接支払う必要のある経費、即時支払わなければ調達できない物件の購入費などについて、資金前渡を受ける者をいう。

5　**誤り**。資金前渡受者は、故意又は過失により現金を亡失した場合、これによって生じた損害を賠償しなければならない。重大な過失に限らず単なる過失（軽過失）であっても損害賠償責任を負う。

正答　3

問題 5　都における契約に関する記述として、妥当なのはどれか。

1　都では、予定価格が6億円以上の工事又は製造の請負について、議会の議決に付すべきものとしている。

2　公営企業の業務に係る契約の締結については、公営企業の能率的な経営を確保するため、議会の議決に付する必要はない。

3　地方自治法に定める契約締結方法は、一般競争入札、指名競争入札及び随意契約の3方法に限定されている。

4　指名競争入札とは、資力、信用その他について適切と認める特定多数の者を指名し、その者に一般競争入札の手続に準じて競争を行わせ、その中から最も有利な条件を提示する者と契約を締結する方法をいい、自治法

上、契約締結方法の原則とされている。

5　地方公共団体の長は、当該地方公共団体の事務としての契約の締結権限を有するが、法定受託事務に関しては、契約締結権限を有しない。

解説 5

1　**誤り**。予定価格が9億円以上の工事又は製造の請負について、議会の議決に付すべきものとしている。

2　**正しい**。

3　**誤り**。地方自治法第234条では、契約締結の方法として、一般競争入札、指名競争入札、随意契約及びせり売りの4方法を掲げている。

4　**誤り**。前段は正しいが、自治法上、契約締結方法の原則とされているのは、指名競争入札ではなく一般競争入札である。

5　**誤り**。地方公共団体の長は、地方公共団体を統轄し、これを代表するとともに、当該地方公共団体の事務及び法律又はこれに基づく政令によりその権限に属する国の事務を管理執行する権限を有する。したがって、長は、当該地方公共団体の事務としての契約の締結権限を持つほか、法定受託事務に関しても契約の締結権限を持つ。

正答　2

問題 6

都における収入の事務に関する記述として、妥当なのはどれか。

1　納入の通知は、所属年度、歳入科目、納入すべき金額、納期限、納入場所及び納入の請求の事由を記載した納入通知書を発行して行うこととされており、例外は存在しない。

2　納入義務者は、納入通知書等の交付を受けたときは、これに現金を添えて、指定金融機関等又は局若しくは所の金銭出納員に納付する。

3　金銭出納員が現金を受領したときは、納付書を作成し、これに現金を添え、一週間以内に指定金融機関等に払い込まなければならない。

4　自治法上、使用料又は手数料の徴収については、条例の定めるところにより、収入証紙による収入の方法によることができるが、都においては手数料についてのみ、収入証紙による収入の方法を適用している。

5 公金の徴収又は収納の事務は、法令に特別の定めがある場合を除いて私
   人をして行わせてはならないことから、現在都においては、公金の徴収又
   は収納の事務を私人に委託していない。

解説 6

1 **誤り**。その性質上、納入通知書により難い歳入については、口頭、掲示
   その他の方法によって納入の通知をすることができる。
2 **正しい**。
3 **誤り**。一週間以内ではなく、即日もしくは翌日に払い込まなければなら
   ない。
4 **誤り**。平成22年4月1日から直接現金で収入することになった。
5 **誤り**。現在、都においては、都立公園の使用料等の徴収事務、コンビニ
   エンスストアでの都税に係る徴収金の収納事務等を委託している。

正答　2

問題 7　　都における債権に関する記述として、妥当なのはどれか。

1 公債権のうち、分担金、加入金などについて、納期限までに納付せず、
   督促を受けた者が指定された期限までに納付しないときは、必ず条例に基
   づく裁判上の手続きを経て、強制徴収しなければならない。
2 都が有する金銭債権は、時効に関して他の法律に定めがあるものを除
   き、債権不行使の状態が5年間継続するときは、時効より消滅する。
3 都に対する金銭債権を時効により消滅させるためには、私法上の金銭債
   権の場合は時効の援用を必要としないが、公法上の金銭債権の場合は、時
   効の援用を必要とする。
4 都では、私債権の放棄を行う場合、知事はあらかじめ議会の議決を得な
   ければならないとしている。
5 局長は、私債権の放棄をする場合は、あらかじめ会計管理局長に協議を
   しなければならない。

152

解説 7

1　**誤り**。督促を受けた者が指定された期限までに納付しないときは、裁判上の手続きを経ないで強制徴収することができる。

2　**正しい**。

3　**誤り**。地方公共団体に対する金銭債権については、法律に特別の定めがある場合を除き、消滅時効の援用を必要としない。

4　**誤り**。東京都債権管理条例により、議会の議決を要せずに放棄を可能としている。

5　**誤り**。財務局長及び主税局長に協議しなければならない。

正答　2

問題 8

都における支出の事務に関する記述として、妥当なのはどれか。

1　収支命令者は、会計管理者に対して支出命令を発しようとするときは、これら支出の内容が法令又は契約に違反する事実がないかを調査し、内訳を明示した請求書又は支払額調書を支出命令書に添付しなければならない。

2　会計管理者は、長の支出命令を受けた場合を除いて、当該支出負担行為が法令又は予算に違反していないこと及び当該支出負担行為に係る債務が確定していることを確認した上でなければ、支出をすることができない。

3　会計管理者は、支出命令書を審査し、その内容が適正であることを確認したときは、債権者から請求書に押してある印と同一の印のある領収書を徴するとともに、小切手を作成して債権者に交付することとなっており、現金で支払を行うことはない。

4　資金前渡とは、特定の経費について、普通地方公共団体の職員に概括的に資金を交付して現金支払をさせる制度であり、事務の効率化の観点から、資金前渡をすることができる経費の範囲は広く認められている。

5　前金払とは、その支払うべき債務金額の確定前に概算額をもって支出することをいい、その要件は、債務は発生しているが、債務金額が確定していないことである。

解説 8

1　**正しい。**

2　**誤り。**長の支出命令を受けた場合においても、支出負担行為が法令又は予算に違反していないか等について確認をした上でなければ、支出をすることができない。

3　**誤り。**債権者から申出があるときは、指定金融機関に支払通知書を交付して、債権者に現金で支払をさせることができる。

4　**誤り。**資金前渡をすることができる経費の範囲は、場所的関係、経費の性質等から一般的な支出の方法によっては事務の取扱いに支障を及ぼすような経費に限定されるべきである。

5　**誤り。**選択肢の内容は前金払ではなく、概算払の説明である。

正答　1

問題 9

都における一般競争入札に関する記述として、妥当なのはどれか。

1　一般競争入札により契約を締結しようとするときは、競争入札に付する事項、競争に参加する者に必要な資格に関する事項等を入札期日の前日から起算して少なくとも 14 日前までに、東京都公報、入札情報サービス、掲示その他の方法により公告しなければならない。

2　一般競争入札に加わろうとする者からは、入札金額の 100 分の 5 以上の入札保証金を納付させなければならない。

3　入札保証金は現金による納付を原則とするが、できる限りその納付を容易にするため、国債、地方債その他確実な担保の提供をもってこれに代えることができる。

4　一般競争入札において、落札となるべき同価の入札をした者が二人以上あるときは、直ちに、当該入札者による再度の入札を行い、落札者を決定する。

5　開札は、入札終了後、入札者を立ち会わせて行うが、入札者がこれに立ち会わないときは、当該入札事務の担当職員を立ち会わせて競争の公正性を担保しなければならない。

解説9

1　**誤り**。入札期日の前日から起算して少なくとも10日前までに、東京都公報、入札情報サービス、掲示その他の方法により公告しなければならないとされている。ただし、入札が急を要する場合は、入札期日の前日から起算して5日前までとすることができる。

2　**誤り**。入札金額の100分の3以上の入札保証金を納付させなければならない。

3　**正しい**。

4　**誤り**。落札となるべき同価の入札をした者が二人以上あるときは、直ちに、当該入札者の「くじ引き」により落札者を決定する。

5　**誤り**。入札者が立ち会わないときは、当該入札事務に関係のない職員を立ち会わせて競争の公正性を担保しなければならない。

正答　3

問題10

都における公有財産に関する記述として、妥当なのはどれか。

1　都の所有に属する財産のうち、不動産は公有財産に含まれるが、特許権や著作権については公有財産に含まれない。

2　公有財産は、その使用目的に応じて、行政財産と普通財産とに分類されるが、普通財産とは、普通地方公共団体において公用又は公共用に供し、又は供することと決定した財産である。

3　地方公共団体の長は、その権限に属する事務の一部を、その補助機関である職員に委任することができるので、都においては、都議会の用に供する財産の管理について、議会局長に委任している。

4　地方公営企業管理者には、地方公営企業の用に供する資産の取得、管理及び処分に関する権限が与えられているが、管理者がこれらの権限を行使するに当たっては、地方公共団体の長の同意が必要となる。

5　行政財産は、その行政財産の用途又は目的を妨げない限度で貸し付け、又は私権を設定することができるが、国、他の地方公共団体、公社等が鉄道、道路等の用途に使用する場合に限り、貸付等を認めている。

解説10

1　**誤り**。特許権、著作権、商標権、実用新案権その他これらに準ずる権利は公有財産に含まれる。

2　**誤り**。普通地方公共団体において公用又は公共用に供し、又は供することと決定した財産は、行政財産という。

3　**正しい**。

4　**誤り**。地方公共団体の長の承認又は同意を要しない。

5　**誤り**。平成18年の自治法改正により、土地の供用の目的を効果的に達する場合や、敷地に余裕がある場合等にも貸付等が可能となっている。

正答　3

第6節⑸ 都政実務─**組織広報その他**

問題1 都における広報・広聴に関する記述として、妥当なのはどれか。

1　広報とは、「広く住民の意見や要望などを聴く」ものであり、都民の意見・要望を十分に把握し、それらを可能な限り施策に反映させていくことである。

2　都における広報活動として、生活文化局広報広聴部が都政全般の専管部門として行う「個別広報」と、各局が所管事業について行う「一般広報」がある。

3　広報手段の区分けとして、「自主媒体」と「依存媒体（パブリシティ活動）」の二つがあるが、新聞・放送等の報道機関にニュースとして報道してもらう広報手段は「自主媒体」に含まれる。

4　都では、東京2020大会とその先を見据え、海外に開かれた東京を実現するため、生活文化局広報公聴部に海外広報担当を設置し、全庁一体となった海外広報を展開している。

5　シティホールテレビでは、「知事放送」「知事記者会見」「都議会中継」などを放送しているが、これらは、職員広報の媒体に含まれる。

解説1

1　**誤り**。当該記述は、広聴についての説明である。広報とは、「広く住民に行政情報を伝える」ものであり、都民生活に関わる情報のお知らせや都が実施しようとしている施策についての説明をタイムリーにかつ効果的に行うことである。

2　**誤り**。個別広報（事業別広報）と一般広報に関する説明が逆である。

3　**誤り**。新聞・放送等の報道機関にニュースとして報道してもらう広報手段は、「依存媒体（パブリシティ活動）」に含まれる。

4　**誤り**。生活文化局ではなく、政策企画局に海外広報担当を設置し、全庁一体となった海外広報を展開している。

5　**正しい**。

正答　5

問題 2　都における情報公開制度に関する記述として、妥当なのはどれか。

1　情報公開条例では、請求権者を「都民」としており、都民であれば、年齢性別に関係なく、実施機関に対して公文書の開示を請求することができる。

2　個人情報に係る本人からの開示請求は、個人情報保護条例によるものとされ、情報公開条例は適用されない。

3　実施機関は、開示請求があったときは、法令秘情報または個人情報が記録されている場合を除き、当該公文書を開示しなければならない。

4　都では、都民の情報ニーズに的確に応える観点から、開示文書の写しの交付に要する手数料は無料としている。

5　開示決定等は、開示請求があった日から起算して14日以内にしなければならない。

解説 2

1　**誤り**。情報公開条例では、「何人も、実施機関に対して公文書の開示を請求することができる」としており、請求権者は都民に限らない。

2　**正しい**。

3　**誤り**。情報公開条例では、非開示情報として、法令秘情報、個人情報以外に、事業活動情報、犯罪の予防・捜査等情報、審議・検討又は協議に関する情報、行政運営情報、任意提供情報、特定個人情報、死者の個人番号を掲げている。

4　**誤り**。開示請求者に公平な負担を求める観点から、公文書の開示を写しの交付の方法により行うときは、開示手数料を徴することとしている。

5　**誤り**。開示請求があった日からではなく、開示請求があった日の翌日から起算して14日以内にしなければならない。

正答　2

問題 3　都における行政手続に関する記述として、妥当なのはどれか。

1　都が行う処分は、その根拠が法律によるものであっても、都の行政手続

条例が適用される。

2　都の行政手続条例の行政指導に関する規定は、都の機関が行う行政指導に加えて、区市町村が行う行政指導についても適用される。

3　行政庁は、申請が事務所に到達してから処分をするまでに通常要すべき標準的な期間を定め、事務所に備え付けるなどの方法により公にしておかなければならない。

4　標準処理期間は、申請の処理に要する期間の目安となるものであり、その期間を経過しても申請に対する応答がなされないことが、直ちに違法となるものではない。

5　行政庁は、申請の処理に当たって、他の行政庁に対して同一の申請者からされた関連する申請が審査中である場合は、他の行政庁の審査が完了するまで、審査を保留することができる。

解説3

1　**誤り**。地方公共団体が行う処分でも、その根拠が法律又は法律に基づく命令（告示を含む）の規定によるものであれば、行政手続法が適用される。

2　**誤り**。行政手続条例第30条、第32条等では、その主体を「都の機関」としており、行政指導に関する規定は、区市町村が行う行政指導には適用されない。このため、区市町村においても、行政指導については、当該区市町村が定める行政手続に関する条例等が適用されることとなる。

3　**誤り**。行政手続条例では、「行政庁は、申請が事務所に到達してから処分をするまでに通常要すべき標準的な期間を定めるよう努めるとともに、定めた場合は、事務所に備え付け、公表しなければならない。」と規定しており、標準処理期間を定めることは努力義務としている。

4　**正しい**。

5　**誤り**。行政庁は、申請の処理に当たって、他の行政庁に対して同一の申請者からされた関連する申請が審査中であることを理由に、自らの審査や判断を殊更に遅延させるようなことをしてはならない。

正答　4

　問題解決のための技法に関する記述として、妥当なのはどれか。

1　ブレインストーミングは、あるテーマ・問題に関する情報やデータを一枚ずつカードに記入し、これらのカードを内容の類似性によって整理していき、それぞれの相互関連や課題の種類を図示することによって分析を行う技法である。

2　MECEとは「相互に排他的かつ全体として包括的」という意味であり、問題を生じさせている原因や解決の手段を洗い出していく際などに有効な手法である。

3　フレームワークは、主要課題の原因や解決策などをMECEで捉え、ツリー状に論理的に分解・整理する方法であり、限られた時間の中で広がりと深さを追及するのに役立つ。

4　PERTとは、主に企業の経営戦略やマーケティング戦略を立案する際に使われる分析方法で、内部環境要因と外部環境要因を分析することにより、経営戦略を導き出すための手法である。

5　チェックリスト法は、問題についてチェックすべきポイントをあらかじめリストアップしておき、これを用いて一つずつチェックしていく方法の総称であるが、チェックリストの内容は、一度作成した後は変更しないことが望ましい。

解説 **4**

1　**誤り**。選択肢の内容はKJ法の説明である。なお、ブレインストーミングは、一つのテーマについてアイデアを自由に出し合い、その連鎖反応を促進することにより、多種多様なアイデアをもとめる会議法である。

2　**正しい**。

3　**誤り**。選択肢の内容はロジック・ツリーの説明である。なお、フレームワークは物事を分析したり、対応策を考えたりする際の枠組み、又は切り口となるものである。

4　**誤り**。PERTではなく、SWOT分析の説明である。なお、PERTとは、計画を立て、それを実施統制する日程計画と進行管理のための技法である。

5　**誤り**。チェックリストは、使いながら改善していくことで定着していく

ものである。

正答　2

問題5　組織形態に関する記述として、妥当なのはどれか。

1　ライン組織では、上司と部下の間だけで命令、報告が行われ、規律を保ちやすいことから、地方公共団体の組織では、ライン組織が最も多くみられる。

2　プロジェクト・チームとは、特定の課題について短期間で解決を図るために、特別に編成された集団（組織）であり、タスクフォースが長期間にわたる大きなテーマを扱う場合が多いのに対して、プロジェクト・チームは、緊急性の高い問題の処理に当たるケースが多い。

3　マトリックス組織とは、縦割りの職能別組織と横割りの目的別（事業部門別）組織の二つの基軸で編成される経営組織をいい、その長所として、対立が起きたときでも調整がしやすいことが挙げられる。

4　ファンクショナル組織は、権限が職能により分化されて行使される組織構造をいい、その短所として、専門職間の対立が起きやすく、その対立解消のためにトップの負担が大きくなることが挙げられる。

5　官僚制組織では、職務の上下の階層、上位者の下位者に対する支配・管理関係が明確に定められているため、状況の変化や緊急を要する事態に対しても、部下職員が迅速かつ主体的に対応しやすいことが長所として挙げられる。

解説5

1　**誤り**。ライン組織に関する説明は正しいが、地方公共団体の組織では、ライン組織よりも、ライン・アンド・スタッフ組織が多い。

2　**誤り**。プロジェクト・チームとタスクフォースに関する記述が逆である。プロジェクト・チームが長期間にわたる大きなテーマを扱う場合が多いのに対して、タスクフォースは、緊急性の高い問題の処理に当たるケースが多い。

3　**誤り**。マトリックス組織では、多元的で複合的な命令系統が採用される

ため、二方面の上司から命令を受けること、対立が起きたときに調整が難しいこと、情報の流れが複雑になることなどが短所として挙げられる。

4　**正しい**。

5　**誤り**。官僚制組織においては、上下の命令、服従の階層関係が部下を萎縮させ、状況の変化や例外的な事態、緊急を要する事態に対して、部下は上司の指示を仰いでから対応するため、対応に着手するまでの時間が掛かるとされている。

正答　4

第7節 都政事情

　教養問題（択一式）は、平成29年度から出題構成が見直しになり、「都政事情」は7問程度に増えました。知っていれば確実に得点できる知識問題ですので、高得点を獲得するためには、できる限り多くの知識を身に着けておく必要があります。出題範囲は広範にわたることから限られた時間の中で的を絞り、効率的に準備を進めてください。

出題傾向

　出題分野は「計画・方針等」「調査等」「その他」に分類することができます。出題事項が公表された時期を見ると、おおむね前年10月から6月までの間に公表されたものが中心です。その中でも、2月、3月に公表された「計画・方針等」に関する出題が多数を占めています。10月ごろから8月ごろまで、対象を広げて押さえておくと安心です。知事施政方針や所信表明で言及されている事項などを参考にすると良いでしょう。

　なお、管理職選考で出題された内容が、主任試験でも出題されることがあります。特に「実行プラン」関連のものなど、都の基本計画に位置付けられるような各局の重要施策については、よく確認しておく必要があるでしょう。

勉強方法

　択一試験全般に言えることですが、五肢の中から適切な選択肢を選び出すためには出題事項に関する正確な知識が要求されます。記憶があいまいだと、せっかく残り二つまで絞れても、そこから正答にたどりつけずに悔しい思いをすることになります。一方で、試験までの時間は限られていますので、的を絞った効率の良い学習が不可欠になってきます。

そのため、学習の進め方は、(1) 情報収集 (2) 内容の記憶 (3) 問題演習による記憶の定着──という流れが基本となります。

　まず、(1) 情報収集です。『東京都ホームページ』の「これまでの報道発表」や『とちょうダイアリー』などから、都政において重要と思われる計画等をピックアップします。ピックアップすべき事項については、「出題傾向」を参考にしてください。なお、「これまでの報道発表」は、月別に、出題分野と対応する形で、「計画・財政」(＝「計画・方針等」)、「審議会等の動き」(＝「答申・白書等」)、「調査結果」(＝「調査等」)に分かれて掲載されていますので、情報収集しやすいと思います。

　次に、(2) 内容の記憶です。ある程度、出題予想を立てた後、各事項について重要なポイントを記憶してきます。概要版や報道発表資料などは、各事項のポイントがよくまとまっていますので、まずはこうした資料を確認することから始めるとよいでしょう。記憶する際には、キーワードを中心に大まかな内容をつかんだうえで、細部の数字などを押さえていくようにしましょう。数字は「計画・方針」であれば計画年数や目標値、挙げられている施策数など、「調査」であれば順位や何割の人がどう回答したかなどが出題されやすいポイントです。ただし、これらの事項は、資料をただ漠然と読み込むだけではなかなか記憶できません。そこでお勧めしたいのが、テーマごとにキーワードや数字を中心に要点をまとめていき、それを通勤時間や空き時間にこまめに確認する方法です。

　最後に、(3) 問題演習です。できる限り多くの問題を解いていきましょう。また、「(2) 内容の記憶」の前に問題演習から始めるというのも効果的な方法です。問題を先に解いてみることで、出題傾向を肌で感じることができ、暗記すべきポイントがより絞りやすくなります。問題を解いた後は、必ず全ての選択肢について解説をチェックしましょう。なお、解説だけでは十分に理解できない場合は出典元の資料も確認し、関連事項も覚えておくと効果的に学習を進められます。

問題 1　令和3年4月に施行された「東京都こども基本条例」に関する記述として、妥当なのはどれか。

1　本条例は、こどもの笑顔があふれる社会の実現に向けた基本理念を定めることにより、こどもの健やかな成長に寄与することを目的としており、東京都が取り組むべき施策の基本となる事項は別に定めることとされている。

2　本条例は、こどもの権利条約の精神にのっとり、こどもを権利の主体として尊重し、こどもの最善の利益を最優先とすることで、全てのこどもが、今と将来への希望を持って伸び伸びと健やかに育っていけるよう、社会全体でこどもを育む環境を整備していかなければらない、と基本理念を定めている。

3　この条例において「こども」とは、20歳に満たない者をいう。

4　都は、こどもを権利の主体として尊重し、こどもの代弁者として保護者が意見を表明することができ、かつ、その意見が施策に適切に反映されるよう、環境の整備を図るものとしている。

5　条例施行後5年を経過した場合において、本条例の施行の状況及びこどもを取り巻く状況等について検討し、時代の要請に適合するものとするために必要な措置を講ずるものとしている。

解説 1

1　**誤り**。東京都が取り組むべき施策の基本となる事項も定めている。

2　**正しい**。

3　**誤り**。この条例において「こども」とは、18歳に満たない者をいう。

4　**誤り**。「保護者」ではなく「こどもが社会の一員として意見を表明すること」としている。

5　**誤り**。「条例の施行後3年を経過した場合」としている。

正答　2

問題 2　令和2年10月に立ち上げた「東京 i CDC」に関する記述として、妥当なのはどれか。

1 東京 i CDCは、感染症に関する政策立案、危機管理、調査・分析、情報収集・発信など、効果的な感染症対策を一体的に担う臨時的な司令塔として、有事の際に機能する拠点である。

2 東京 i CDC専門家ボードは、新型コロナウイルス感染症対策に特化して、患者の発生動向等のエビデンスや最新の科学的知見に基づき、政策に繋がる提言を行うこととされている。

3 東京 i CDCの立ち上げ当初の専門家ボードには、専門分野ごとに「疫学・公衆衛生チーム」、「感染症診療チーム」、「検査・診断チーム」の3つが設けられた。

4 緊急時にオペレーションの総合調整機能を担うセンター（EOC：Emergency Operations Center）として、福祉保健局長をトップとする、「健康危機管理対策本部」を設置している。

5 東京 i CDCでは、「都民向け感染予防ハンドブック」や「自宅療養者向けハンドブック」の作成のほか、ソーシャルメディアに公式アカウントを開設して感染症に関する様々な情報や国内外の最新の知見や研究の紹介を行うなど、都民への情報発信・普及啓発を推進している。

解説 2

1 **誤り**。常設の司令塔であり、平時と有事を問わず機能を発揮する拠点である。

2 **誤り**。都の感染症対策全般について提言を行う。

3 **誤り**。立ち上げ当初は4チームが設置され、令和3年3月末時点で8チームとなっている。

4 **誤り**。健康危機管理担当局長がトップとされている。

5 **正しい**。

正答　5

問題 3
令和2年10月に都が発表した「DX推進に向けた5つのレス徹底方針」に関する記述として、妥当なのはどれか。

1 5つのレスとは、ペーパーレス、FAXレス、タッチレス、はんこレ

ス、キャッシュレスを指し、これらを順次進めることでデジタルガバメントへの取り組みを加速させるとしている。

2 ペーパーレスでは、令和3年度までにコピー用紙を平成28年度比で30％（1億枚）削減するとしている。

3 表彰状などこれまでデジタル化が困難とされたもの含め、都に関するあらゆる手続きのデジタル化を推進することで、はんこレスを実現するとしている。

4 FAXレスでは、令和3年度までにデジタルツールの活用により、全ての業務から使用を廃止するとしている。

5 タッチレスでは、令和3年度までに全局の行政相談にWeb相談等を導入するとしている。

解説 3

1 **誤り**。5つのレスを一斉に進めることとしている。

2 **誤り**。「30％」ではなく「50％」である。

3 **誤り**。表彰状や感謝状など押印自体に意義がある真に必要なものや、他自治体、金融機関などといった第三者が様式などに基づき求めているものの押印は継続の対象である。

4 **誤り**。令和元年度比で98％削減するとしている。

5 **正しい**。

正答 5

問題 4

令和2年10月に産業労働局が開設を発表した「ソーシャルファーム支援センター」に関する記述として、妥当なのはどれか。

1 ソーシャルファーム支援センターは、ソーシャルファームの認証基準や支援策等の情報提供等、就労困難者と認められる方の雇用ノウハウの提供等、ソーシャルファームの経営に関する助言等を業務内容としている。

2 ソーシャルファーム支援センターは、「東京都ソーシャルファームの認証及び支援に関する指針」に基づき支援を行う拠点であり、ソーシャルファームの創設の促進に関する条例は制定されていない。

3　令和3年3月に、初めて東京都認証ソーシャルファームとして28事業所が認証されたが、そのうち25事業所が予備認証事業所であり、認証基準を満たすまでは事業所の改修経費等の補助といった創設に係る支援を受けることはできない。

4　支援の対象となる東京都認証ソーシャルファームとは、「就労困難者と認められる方を従業員の総数の20%以上かつ3人以上雇用していること」や「就労困難者と認められる方が他の従業員と共に働いていること」などの認証基準のいずれかに該当する「施設」である。

5　ソーシャルファーム支援センターは、(公財)東京都中小企業振興公社によって開設され、ソーシャルファームの普及を図ることを目的として、ソーシャルファームの創設・運営を検討している中小事業者に対する支援を行っている。

解説 4

1　**正しい。**

2　**誤り。**「都民の就労の支援に係る施策の推進とソーシャルファームの創設の促進に関する条例」に基づき、支援を実施している。

3　**誤り。**予備認証事業所は、就労困難者の新規雇用などにより、半年以内に認証基準を満たす計画の事業所であり、創設に係る支援を受けることができる。

4　**誤り。**認証基準を全て満たし、都から認証を受けた「事業所」である。

5　**誤り。**(公財)東京しごと財団が開設し、事業者及び関心のある方、認証を受けたソーシャルファームに対する支援を行っている。

正答　1

問題 5

令和2年11月に都市整備局が改定を発表した「都市計画区域マスタープラン」に関する記述として、妥当なのはどれか。

1　「都市づくりのグランドデザイン」で示した「センター・コア再生ゾーン」等4つのゾーンと臨海部の「東京湾ウォーターフロント活性化ゾーン」に基づき、それぞれの特性と将来像を踏まえた都市づくりを進めてい

くこととされている。

2　都内の62区市町村全域を対象に、東京が目指すべき将来像や、東京の都市づくりの枠組み、主要な都市計画の決定の方針などについて定めており、おおむね10年後を目標としている。

3　「東京が目指すべき将来像」を実現するための主要な都市計画の決定の方針として、「都市施設の整備に関する方針」、「市街地開発事業に関する方針」、「都市景観に係る方針」の3つを記述している。

4　「活力とゆとりのある高度成熟都市」を都市づくりの目標とし、目指すべき都市像の実現に向けて、分野横断的な視点から7つの戦略、30の政策方針、80の取り組みを示している。

5　新型コロナ危機を契機とした都市づくりの方向性として、長期的視点から東京全体の市街地の再構築を進め、効率性と快適性も兼ね備えた持続可能な都市へとつくり変えていくとしている。

解説5

1　**誤り**。「都市づくりのグランドデザイン」で示したのは「中枢広域拠点域」、「多摩広域拠点域」、「新都市生活創造域」、「自然環境共生域」の4つの地域区分と、「国際ビジネス交流ゾーン」、「多摩イノベーション交流ゾーン」の2つのゾーンである。

2　**誤り**。26都市計画区域全域を対象とし、おおむね20年後を目標年次としている。

3　**誤り**。「土地利用に関する方針」、「災害に係る方針」、「都市景観に係る方針」を合わせた6つである。

4　**誤り**。「都市づくりのグランドデザイン」の説明である。

5　**正しい**。

正答　5

問題6　令和3年度（2021年度）東京都当初予算に関する記述として、妥当なのはどれか。

1　政策的経費である一般歳出は前年度に比べて増加しており、内訳をみる

と、経常経費が前年度より減少している一方で、投資的経費は前年度に比べて10%を超える増加となっている。

2　都税収入は、法人二税が増加する一方で、税制改正の影響に伴い固定資産税・都市計画税が減少することなどにより、前年度に比べて7.3%減少している。

3　令和3年度における起債依存度は前年度に比べて5ポイントを超える増加となったが、国や地方と比べて、引き続き低い水準を維持している。

4　東京の未来を切り拓くための戦略的な取り組みや、コロナ禍により大きな影響を受けた社会・経済の早期回復に向けた主要な取り組みを5つの柱で整理している。

5　令和3年度予算編成では、新型コロナウイルス感染症に対応するため、「都民・大学研究者・職員による事業提案制度」を中止したことにより、都民等から募集したアイデアを踏まえた新規事業の構築は行われていない。

解説6

1　**誤り**。経常経費は前年度に比べて4.2%増であるが、投資的経費は10.4%減となっている。

2　**誤り**。固定資産税・都市計画税が増加する一方で、新型コロナウイルス感染症の影響に伴う企業収益の悪化などにより法人二税が減少している。

3　**正しい**。

4　**誤り**。7つの柱で整理している。

5　**誤り**。事業提案制度は中止したが、都民や事業者等から募集した224件のアイデアを踏まえて、5件の新規事業の構築へとつなげている。

正答　3

問題7　令和3年2月に建設局・都市整備局・港湾局が発表した「無電柱化加速化戦略」に関する記述として、妥当なのはどれか。

1　無電柱化推進に当たっての基本的方針として、電柱を減らす・これ以上電柱を増やさない・無電柱化の費用を減らすといった「無電柱化3原則」を定め、都道の無電柱化の大幅なペースアップを図る「都道のスピードア

ップ」など6つの戦略を推進することとしている。

2 計画期間は、今後10年間であり、都が進める無電柱化について基本的な方針や目標及び施策を定めている。

3 都道における年間の整備規模を倍増し、今後の整備目標として整備対象全線において30年程度前倒し、2050年代の完了を目指すこととしている。

4 全ての区市町村で無電柱化推進計画が策定されるための区市町村向け支援メニューの強化や、無電柱化の義務化の実現、電柱の新設禁止を都道以外にも拡大することなどが明記された。

5 災害に強い島しょ地域を実現するため、整備対象の都道を「緊急整備区間」「その他の区間」に分類し、整備を進めていくことを予定している。

解説7

1 **誤り**。無電柱化加速のための戦略は7つである。

2 **誤り**。平成30年3月に発表した「東京都無電柱化計画」についての記載である。

3 **誤り**。整備対象全線において20年程度前倒し、2040年代の完了を目指している。

4 **正しい**。

5 **誤り**。「緊急整備区間」「優先整備区間」「その他の区間」の3つに分類している。

正答 4

問題8

令和3年1月から3月の間に産業労働局が行った「テレワーク導入率調査」に関する記述として、妥当なのはどれか。

1 1月になされた本調査は、出勤者数の8割削減に向けて設定した1月8日から2月7日の「1都3県テレワーク集中実施期間」における都内企業のテレワーク実施状況を調査したものである。

2 期間中の調査において、都内企業のテレワーク導入率は一貫して5割を超えており、従業員規模別に見ると、企業規模が大きくなるにつれて導入率も高くなっていた。

3　テレワークを導入している企業について、テレワークを実施した社員の割合は、5割程度であり、調査期間によっては4割に落ち込むこともあった。

4　テレワークを実施した社員について、テレワークの実施回数が週3日以上である割合が5割を超えることはなかったが、調査期間中は上昇が続いた。

5　半日・時間単位のテレワークとローテーション勤務を組み合わせた「テレハーフ」を活用する企業の割合は、終日テレワークのみを活用する企業の割合よりも高かった。

> ## 解説8

1　**誤り**。「出勤者数の7割削減」に向けて1月8日から2月7日を「テレワーク緊急強化月間」として設定した。

2　**正しい**。

3　**誤り**。テレワークを実施した社員の割合は常に5割を超えており、6割に迫ることもあった。

4　**誤り**。6回の調査のうち、5回の調査では5割を超えていた。

5　**誤り**。終日テレワークのみを活用する企業の割合の方が高い。

正答　**2**

> ## 問題9

令和3年3月に生活文化局が発表した「男女平等参画に関する世論調査」に関する記述として、妥当なのはどれか。

1　東京は女性が活躍できる都市だと思うか聞いたところ、「そう思う」と答えた人の合計が全体の半数を下回った。

2　男女の地位の平等感について聞いたところ、「男性の方が優遇されている」と答えた人の合計が全体の71％となり、前回調査から11ポイント増加した。

3　女性リーダーが増えることの影響を聞いたところ、「多様な視点が加わることにより、新たな価値や商品・サービスが創造される」と答えた人が最も多く、次いで「男女を問わず優秀な人材が活躍できるようになる」で

あった。

4　育児や介護と仕事の両立を推進するために必要なことを聞いたところ、男性の両立推進では「育児・介護休業制度を利用しても不利にならない人事評価制度を作る」と答えた人が最も多く、女性の両立推進では、「職場や上司の理解・協力」と答えた人が最も多かった。

5　配偶者や交際相手から暴力を受けた際の相談機関の存在について聞いたところ、「知っている」と答えた人の合計が、「知らない」と答えた人の合計より少なかった。

解説 **9**

1　**誤り**。「そう思う」が67％で全体の半数を超え、「そう思わない」が22％であった。

2　**正しい**。

3　**誤り**。「男女を問わず優秀な人材が活躍できるようになる」が最も多く、「多様な視点が加わることにより、新たな価値や商品・サービスが創造される」が次いで多かった。

4　**誤り**。男性の両立推進では「長時間労働を削減する」が最も多く、女性の両立推進では「保育・介護の施設やサービスを充実する」が次いで多かった。

5　**誤り**。「知っている」と答えた人は67％、「知らない」と答えた人は32％であった。

正答　2

問題**10**

　令和3年3月に都が策定した「シン・トセイ『都政の構造改革QOSアップグレード戦略』」に関する記述として、妥当なのはどれか。

1　本戦略における都政の構造改革とは、これまでの都政改革とは切り離して、DXの推進を梃子として制度や仕組みの根本まで遡った「都政の構造改革」を強力に推進し、都政のQOSを向上させることで、都民のQOLを高め、誰もが安全・安心で幸せを享受できる社会を実現することである。

2　本戦略に掲げるプロジェクトを実践していく中で、スピード、オープ

ン、コミュニケーション、アジャイル、見える化の5つのキーワードを庁内に定着させていくとしている。

3　令和5年度を目途に「デジタルガバメント・都庁」の基盤を作る取り組みを加速するため、本戦略では、令和2年度から4年度までに短期集中で取り組む具体策を盛り込んだ「コア・プロジェクト」と「各局リーディング・プロジェクト」を示している。

4　各局リーディング・プロジェクトは、各局事業のサービス提供のあり方や、仕事の進め方そのものの構造改革を進め、全庁に「新しい都政のスタンダード」を浸透させていくとしている。

5　バーチャル都庁構想は、デジタル空間にもう一つの都庁を作ることにより、行政サービスの提供をバーチャル都庁に集約するとしている。

解説10

1　**誤り**。これまでの都政改革を「継承・発展」させるとしている。

2　**誤り**。「コミュニケーション」ではなく「デザイン思考」である。

3　**誤り**。「令和7年度」を目途にデジタルガバメント・都庁の基盤を作るとしている。

4　**正しい**。

5　**誤り**。「リアル」に集中しているサービスを「バーチャル」都庁でも提供するとしている。

正答　4

問題11　本年3月に都が策定した「『未来の東京』戦略」に関する記述として、妥当なのはどれか。

1　本戦略を展開するスタンスとして、「構造改革」と「グリーンリカバリー」の2つの大きな考え方を軸に据えることとしている。

2　基本戦略の1つである「アジャイル」とは、目指すべき未来を想定し、そこから逆算して、現在からそこに至る道筋を定めることをいう。

3　目指す2040年代の東京の姿として7つの「ビジョン」を提示するとともに、2030年に向けて、新型コロナウイルス感染症に打ち克つ取り組み

を含めた20の「戦略」を掲げている。

4　戦略実行のための「推進プロジェクト」ごとに、DX（デジタルトランスフォーメーション）との関係を明らかにしている。

5　「『未来の東京』戦略ビジョン」（令和元年12月策定）で示した戦略について、新型コロナとの闘いを通じて浮き彫りとなった課題を踏まえた検討を進め、戦略をバージョンアップしている。

解説11

1　**誤り**。「グリーンリカバリー」ではなく「サステナブル・リカバリー」である。

2　**誤り**。記載内容は「バックキャスト」に関するものである。

3　**誤り**。20のビジョンと、20＋1の戦略である。

4　**誤り**。「DX」ではなく「SDGsの17のゴール」である。

5　**正しい**。

正答　5

問題12　　令和3年3月に福祉保健局が発表した「東京都高齢者保健福祉計画」に関する記述として、妥当なのはどれか。

1　本計画は、「老人福祉計画」と「介護保険事業支援計画」を合わせた、都における高齢者の総合的・基本的計画として一体的に策定している。

2　計画期間は、令和3年度から令和7年度までの5年間である。

3　計画では、7つの重点分野とそれを下支えする取り組みを示しているが、都が目指す基本的な政策目標は定めていない。

4　中長期的には、「団塊の世代」が後期高齢者となる令和7年を見据えており、団塊ジュニア世代が高齢者となる令和22年度を見据えた計画ではない。

5　地域課題や地域特性に応じた地域包括ケアシステムを都が自らマネジメントするとともに、高齢者が住み慣れた地域で安心して暮らし続けることができる東京の実現を理念として掲げている。

> **解説12**

1 **正しい。**
2 **誤り。**計画期間は、令和3年度から令和5年度までの3年間である。
3 **誤り。**都が目指す基本的な政策目標を定めている。
4 **誤り。**団塊ジュニア世代が高齢者となる令和22年度も見据えた計画としている。
5 **誤り。**計画の理念は「地域で支え合いながら、高齢者がいきいきと心豊かに、住み慣れた地域で安心して暮らし続けることができる東京の実現」である。

正答　1

> **問題13**　令和3年3月に総務局が発表した「東京防災プラン2021」に関する記述として、妥当なのはどれか。

1　災害対策基本法の規定に基づき、東京都防災会議が策定する計画であり、都の地域における地震災害の予防、応急対策及び復旧・復興対策を実施することにより、住民の生命、身体及び財産を保護することを目的としている。
2　発災時を想定したシナリオとは、「区部における地震」、「多摩における地震」、「島しょ地域における地震」、「島しょ地域における火山噴火」の4つである。
3　本プランの特徴の1つとしては、QRコードの活用により、スマホ等から都HP等へのアクセシビリティを向上し、分かりやすさを追求したことである。
4　「4つの災害シナリオ」を作成し、「発災時に懸念される事態（リスク）」を明らかにするとともに、リスクに対応するための目指すべき将来像を整理し、実現にむけた都が行うべき取り組みを掲載している。
5　地震に対する防災対策を迅速かつ計画的に推進していくために推進する事業計画であり、計画期間は2021年から2025年度までの計画である。

解説13

1 **誤り**。「地域防災計画」の説明である。
2 **誤り**。「区部における地震」、「多摩における地震」ではなく、「区部・多摩における地震」、「都内各地にける風水害」である。
3 **正しい**。
4 **誤り**。自助・共助の取り組みについても記載。
5 **誤り**。地震だけでなく風水害、火山等の自然災害に対するもので、2021年から2023年度までの計画である。

正答　3

問題14　本年3月に都が策定した「東京都下水道事業経営計画2021」に関する記述として、妥当なのはどれか。

1 本計画は、「お客さまの安全を守り、安心で快適な生活を支える」ことと「良好な水環境と環境負荷の少ない都市の実現に貢献する」ことの二つを経営方針に掲げており、令和3年度から7年度までを計画期間としている。
2 近年激甚化する豪雨等を踏まえ、浸水の危険性が高い地区などに重点化してきたこれまでの対策を着実に推進し、3か年で9地区の整備を完了させるとしている。
3 「ゼロエミッション東京戦略」の目指すべき姿を見据え、温室効果ガス排出量を大幅に削減できる技術開発を推進するとしている。
4 経営基盤の強化を進めるため、建設・維持管理コストの縮減や資産等の有効活用により、総額450億円の企業努力を行うとしている。
5 令和4年度までに、「広域化・共同化計画」を策定するよう国から求められていることを踏まえ、都においては区と連携して効率的な事業運営を示した「広域化・共同化計画」を策定することとしている。

解説14

1 **誤り**。「最少の経費で最良のサービスを安定的に提供する」ことを含め

た三つを経営方針としている。

2　**誤り**。5か年で7地区を完了させるとしている。

3　**正しい**。

4　**誤り**。総額650億円の企業努力を行うとしている。

5　**誤り**。都と市町村が連携して計画を策定することとしている。

正答　3

問題15

令和3年3月に環境局が発表した「東京都食品ロス削減推進計画」に関する記述として、妥当なのはどれか。

1　東京都食品ロス削減パートナーシップ会議から提出された食品ロス削減に向けた提言を踏まえ、食品衛生法に基づき策定したもので、計画期間は2021年から概ね10年程度とされている。

2　食品ロス発生量の実質ゼロを目指す2050年に向けては、今後10年間の取り組みが重要なマイルストーンとなることから、2030年目標として2000年度と比較した食品ロス発生量を3分の2に減らすことを掲げている。

3　食品ロス発生量全体のうち事業系が占める割合は、全国では約5割であるのに対して、都内では約7割を占めており、事業系の食品ロス削減に向けて、食品ロス削減につながる優良な取り組み事例を共有していくこととしている。

4　食品ロス削減の取り組みの優先順位として、様々な理由で不要となった食品について安易に廃棄せず、フードバンクの活用等によりできるだけ食品として有効活用（リユース）することを最優先とした取り組みが重要であるとしている。

5　食品ロスの削減に向けた対策としては、食品業界の独自の商慣習は維持すべきことを前提に、ICT等を活用した需要予測や高度な包装・冷凍技術等といった先端技術の活用などが必要であるとされている。

解説15

1　**誤り**。食品ロス削減推進法に基づくもので、計画期間は概ね5年程度で

ある。

2　**誤り**。2030年目標は、2000年度と比較した食品ロス発生量の半減である。

3　**正しい**。

4　**誤り**。まず、食品ロスを発生させない、発生しているものを減らしていく発生抑制（リデュース）を最優先とした取り組みが重要であるとしている。

5　**誤り**。対策として商慣習の見直しも挙げられている。

正答　**3**

論文攻略法

主任論文に求められるもの

第3章 第1節

　主任選考Aは「都政または所属局の事業の課題に関する出題」「職場に関する出題」のどちらか1題を選択し、2時間30分で300〜500字と1,200字〜1,500字程度の論文を執筆します。平成29年度から出題形式が変更になりましたが、主任論文で求められることは同じです。課題文に資料等が新たに添付され、詳細な状況設定が行われる形式になりますが、自らの視点で課題を抽出・分析し、現実的かつ具体的な解決策を論述することが要求されます。

　また、職務経験を積んだ中堅職員を対象とする主任選考Bは「職務等に関する出題」で、3題のうち1題を選択、2時間で1,000字〜1,500字程度の論文を作成します。

論文とは何か

　それでは、まず初めに論文とは何かについて確認していきましょう。論文とは、あるテーマについて自分の意見を論理的に伝える文章をいいます。論理的に書くという点で、自分が感じたことや思ったことを書きつづる感想文や随筆とは異なります。筆者の意見を積極的に述べるという点では、事実を書くレポートや報告書とも違います。

　試験では、与えられたテーマについての状況把握と分析、分析に基づいた課題の設定、課題に対する解決策提示という流れで、論理展開に一貫性を持たせて意見を表現していくことが必要です。特に主任選考では、職員として都政が直面する課題に対し、どのような解決策を講じるのか、主任として職場の業務遂行上の課題を見いだし、どのような改善策を講じるのかについて具体的に書くことが求められます。

182

評価のポイント

　次にどのような論文が評価されるのか、確認していきましょう。どんな試験にも当てはまることですが、採点者がどんな点を評価ポイントにしているかを知ることで、試験対策は効果的に進めることができます。

1　問題意識、問題解決力

　第一の評価ポイントは、出題されたテーマについて、その背景や意図を正しく認識し、的確な課題の抽出と解決策の提示ができているかという点が挙げられます。出題されるテーマは、現実の都政と無関係に設定されているわけではありません。出題側としては、直面している問題について、その職員自身の考えを求めているのです。出題意図を考慮せず、テーマに即していない論文では、当然、評価は低くなります。論文を書き始めるに当たり、まずは出題意図をよく理解し、論文の大枠、方向性を的確に捉えることが大切です。

2　論理性

　第二のポイントとして、文章が論理的かどうかという点が挙げられます。論文を書く場合、状況把握、分析・解釈、提案という論理の型で組み立てます。程度の差こそあれ、論理の型は基本的に同じです。そして、書いた論文は、上司や先輩に添削してもらいましょう。そうすることにより、自分では気づかなかった論理の飛躍や、抽出した課題と提示した解決策との不整合等について、指摘を受ける場合が少なくありません。論理性は、論文としての核となる要諦です。自分では、なかなか改善しにくい点でもあります。基本となる論理の型を身に着けるとともに、論理性を高めるため添削してもらいましょう。

3　具体性

　第三のポイントとして、論文が主任の視点で書かれているかという点が挙げられます。都政の最前線を担う主任職への昇任試験ですので、抽象的・客観的なものではなく、日々直面している課題についての対応策など、具体的

第3章　論文攻略法

183

かつ現実的な内容が求められます。これまで仕事を通じて経験してきたことや経験に基づく想像力を総動員し、具体的な記述に結びつけることが重要です。

4　表現力

　第四のポイントとして、分かりやすい文章で書かれているかという点が挙げられます。誤字脱字がないか、適切な語彙が使われているか、文章が冗長になっていないかなどに注意し、適切で分かりやすい文章表現とします。総論的・抽象的な表現や難解な言葉は使わず、複雑な構成は避け、簡潔明瞭な文章、単純で平易な構成となるよう心掛けましょう。

5　その他

　積極性も重要な評価ポイントになります。行政に携わる者として問題解決に主体的に関わっていく熱意、新しい課題や困難にも果敢に挑戦していくチャレンジ精神が問われます。日頃から積極性を持って仕事に取り組むことが大切です。

第2節 傾向と対策

情報収集

1 採点基準と対策

　論文の採点基準は、令和2年6月26日付で都人事委員会から出された「主任級職選考における論文採点の基本的な考え方等について」に記載されています。ここでは「問題意識」「問題解決力」「論理性」及び「表現力」の4点が評定項目として明示されています（評定項目については平成28年度以前から変更はありません）。

　また、いかなる観点から採点しているかについて、次の5点のポイントが示されています。

(1) 本文及び資料で設定されている事例の職場における課題を的確に抽出するなど、高い問題意識を持っている。

(2) 抽出した課題について、主任としての役割を認識しつつ、自分なりの問題意識から具体的かつ効果的な解決策が論じられている。

(3) 解答（1）の内容を踏まえて、解答（2）が論じられている。

(4) 自分の考えを、分かりやすい表現で論理的に伝えている。

(5) 事例の状況を反映した論文となっている。

　一つ目の評点項目である「問題意識」については、（1）にある通り、（1）においてどれだけ事例の職場を分析し、的確に課題を抽出できているかが高い採点を得るためのカギとなります。ここでのポイントは、課題を深く認識していることを示すことです。

　単に問題点を指摘するにとどまらず、そのことがなぜ問題なのか、どうしてその問題が生じているかにまで分析を深め、論理立った説明ができれば高

く評価されると考えられます。

　二つ目の「問題解決力」については、限られた時間のなかで事例をよく読み込み、(2)において有効な解決策を提示できているかが評価されると考えられます。過去の問題にトライするなどし、取り組みのアイデアを出す練習をしておきましょう。準備をしていないテーマが出題された場合でも、事前に何度か書く練習をしていれば、それを応用させることによって対応することができます。

　ただし、事前に用意した論文を出題内容と関係なく再現するだけの論文は大幅に減点されますので、出題に沿った取り組みとするよう注意が必要です。

　三つ目の「論理性」については、実際に書き始める前にどれだけしっかりと構成を練られるかがカギとなります。特に、(1)で挙げた課題と(2)で提示する解決策との連関が順を追って明瞭に記述されているかどうかが評価されると考えられます。その取り組みをすることによってどのような効果が生まれ、いかにして課題の解決へと結びついていくかが読み手に分かりやすく伝わるよう心掛けてください。それだけでなく、全体として、出題内容に正面から答えられているかを意識することが必要です。

　四つ目の「表現力」については冗長な文章にならず、できるだけ簡潔な表現で読みやすい文章にすることが大切です。また、文章の間に適切な接続詞を用い、流れが分かりやすい論文になるよう意識してください。文章を書くことに苦手意識がある人は練習を繰り返すことをお勧めします。

　また、語彙力に自信がない人は、あらかじめ使える表現をピックアップし語彙リストを作成することも有効です。

2　合格者再現論文

　採点基準の確認と並行して早い段階で行っておきたいのが合格者再現論文の読み込みです。合格レベルの論文を作成するためには、過去の合格者の論文を参考にするのが有効です。再現論文を読むことによって、合格水準や論文の構成などを理解することができます。また、優れていると思う表現はストックしておき、自身が論文を作成する際に活用しましょう。

3　参考資料

　都政ものを記述する場合には、現在の都政の動向、各局における事業や課題等について情報収集しておく必要があります。「『未来の東京』戦略ビジョン」はもとより、知事の施政方針演説や所信表明、各局が策定する主要な計画などについて、都のホームページや都政新報などで、日頃から情報収集を行いましょう。また、平成29年度からは課題文に資料が添付された出題形式の見直しが行われています。前述した参考資料から情報収集を行う際には、掲載されている図表やグラフ等についても併せて確認するようにしましょう。

準備論文の作成

1　予想問題の作成

　論文作成に当たり、まずは問題を作成する必要があります。これまでの出題傾向から予想問題を作成しましょう。職場で用意してもらえる場合にはそれを活用してもよいです。

2　構成の決定

　論文の構成は、4段構成（起承転結）と3段構成（序破急）があると言われています。合格者再現論文等を参考に、自身が書きやすく、評価項目に沿った論文となるような構成を確立しましょう。ここでは3段構成の一例について紹介します。

　解答（1）　課題抽出と問題提起のセットを三つ

　解答（2）　解答（1）で挙げた課題に対して①背景②解決策③効果のセットを三つ。必要に応じて、最後に結論を書きます。

　平成28年度以前は、結論として主任級職に昇任する上での決意表明を記述するのが一般的となっていましたが、基本的な考え方では「主任級職選考の論文試験は、受験者自身が主任級職に昇任する上での決意についての出題ではなく、決意表明の有無を評価の対象としない。設問で問われていることに対し、十分に字数を使って論述すること」とされています。

3　作成のポイント

　テーマと構成が決まったら、実際に論文を作成していきます。最初は時間を気にせず、自由に書きましょう。字数オーバーしていたら少しずつ削っていき、制限字数内に収まるようにします。

　解答（1）と解答（2）に分けて、論述する際のポイントを説明しますので、参考にしてください。

解答（1）

〈都政もの・職場もの共通〉

　基本的な考え方に「解答（1）の内容を踏まえて、解答（2）が論じられている」ことを採点の観点とする旨が記載されている以上、（1）と（2）の解答は関連している必要があります。論理的に一貫した論文を作成するためには、構成に沿った形でレジュメを作成し、あらかじめ課題と解決策を整理しておくとよいでしょう。

〈都政もの〉

　問題文に「資料を分析して課題を抽出し」と書かれているため、「資料○によると」といった表現を使用し、資料を十分に踏まえて課題を分析・抽出していることを示すようにします。また、触れる資料の点数が指定されていることにも注意が必要です。

〈職場もの〉

・平成28年度以前は、導入部に社会経済情勢や都政を取り巻く環境を記述する論文が多く見受けられましたが、基本的な考え方では、導入部の論述とその後の課題に関する記述の関連性についての説明がない、または非常に少ない論述内容は、評価を低くしたとされています。関連性の薄い内容の論述によって評価を下げないためにも、設問で問われている課題の論述に十分に字数を使うようにしましょう。

・事例の職場が抱える課題を抽出できるかが最大のポイントとなります。その際、複数挙げる課題が重複しないよう、注意しましょう。また、「資料○によると」や「事例の職場では」といった表現を使用し、資料や問題文を十分に踏まえて課題を分析・抽出していることを示すようにします。

解答 （2）

〈都政もの・職場もの共通〉

・具体的な解決策を記述する前に、課題の背景を的確に論述することで、説得力の高い論文となります。現状の課題にとどまらず、課題の背景及び原因を分析して論述し、その原因が解決できるような取り組みを論述しましょう。

・解決策は、誰も考えたことのないような突飛なものでなくてよいです。発想力よりも実現性や具体性のある解決策を論述することが求められています。

・解決策の分量や内容に偏りが出ないよう、具体性や統一感等のバランスを整えましょう。また、順番についても、重要なものや真っ先に取り組むべきものを最初に論述するなど、課題解決の優先順位を意識するようにしましょう。

・論理性という観点では、資料から素直に読み取れる論点に対し、自然な文脈で論述することが重要です。読み手を意識し、接続詞を適宜使いながら一読で理解できるような文章を書くよう、心掛けましょう。そのためには、1文60字程度までを目安にするとよいでしょう。

〈都政もの〉

・解決策は、新たな取り組みを提案するか、または現在の都が行っている事業に対する改善策等を述べてもよいとされています。いずれにしても、現実的かつ具体的な取り組みを述べる必要があります。なお、その際、既存の施策を真っ向から否定するような論述は避けたほうがよいでしょう。

・都の所掌範囲でない解決策とならないように十分注意しましょう。ただし、「○○を国と連携して進める」や「区市町村の□□が推進するよう支援していく」等は問題ありません。前述した参考資料等で所掌範囲を確認するようにしましょう。

〈職場もの〉

・事例の状況を反映した論文とすることが求められていますので、一般論としての取り組みを書くのではなく、事例を踏まえた論述となるように、十分注意してください。

第**3**章

論文攻略法

・主任としての役割を踏まえた解決策を論述します。例えば、課長代理に問題提起して解決策を提案したり、主事に指導・助言を行ったりするなど、チームとして解決策を推進していくのが主任の役割となっています。「定例会を開催する」「業務分担を見直す」等の取り組みは、主任の所掌範囲を超えることになるため、書き方に注意が必要です。

・事例の職場の課題解決に取り組むのは「自分自身」ということを常に意識しましょう。「～と考えられる」「～を行う必要がある」といった文末ではなく、「（主任として）～していく」「～する」と言い切るようにします。

4　推敲

　最初から筋の通った論文を書くのは難しいことです。次の観点等から推敲を重ねましょう。

　○資料及び問題文から適切に課題抽出ができているか○適切な解決策を提示しているか○課題及び解決策に重複はないか○課題及び解決策を論述する順番は妥当か○課題と解決策の対応は適切か○課題及び解決策の分量は適切か○論理構成に飛躍はないか○内容に統一性はあるか○同じ表現を繰り返してないか○１文が長くなっていないか○読みにくい表現はないか

5　添削指導

　論文を書き上げたら、必ず直属の上司等に添削を依頼しましょう。第三者の視点で論文を見てもらうことで、内容や表現を向上させていきます。最初は多くの指摘が入るかと思いますが、添削内容について真摯に受け止め、整理し、書き直した後、再度添削を依頼します。これを数回繰り返すことで、合格レベルの論文に仕上げていきます。

　また、修正すべき箇所を明確にすることができるため、可能であれば、複数の管理職に見てもらうことが望ましいでしょう。

レジュメの作成

　論文を数本準備したら、あとは課題・背景・解決策・効果をセットしたレジュメを作成してストックを増やしましょう。併せて、資料から課題を抽出

する練習もしておいたほうがよいでしょう。レジュメを作成したら何度も読み返し、通勤時間帯等を活用して覚えていきます。

手書き練習

　約2,000字を手書きするのは疲れる作業で、予想以上に時間がかかります。さらに、普段はパソコンで作業することが多いため、漢字が思い出せないこともあります。手書きする際には、濃く、大きく、丁寧に書くことを意識しましょう。

試験本番

　焦って書き始めず、問題文をよく読み、出題意図を把握します。解答するテーマを決めたら、レジュメを作成し、全体の構成を整理します。時間配分の目安について一例を挙げると、テーマ選択・レジュメ作成（30分）、論文作成（110分）、推敲・見直し（10分）です。準備した論文を無理やり当てはめようとしないよう、十分注意してください。特に職場ものについては、事例の職場に沿った内容を論述しないと大幅な減点となってしまいますので、準備した論文をただ再現するのは避けましょう。また、誤字・脱字の確認は必ず行い、減点となるポイントはなくすようにしましょう。字数が一定数以下のものや、完結していないもの等は、仮に内容が優れていても大幅に減点することがあるとされていますので、時間が足りなくても、最後まで諦めずに書き切るようにしてください。

第**3**章 論文攻略法

課題整理と模範論文

課題整理「都政に関する出題」

1　最近のテーマ

　直近5年間のテーマは次の通りです。

Ⅰ類

【平成28年度】都民が安心して暮らせる社会の実現

【平成29年度】観光振興を通じた東京の持続的な成長と発展の実現

【平成30年度】都民のスポーツ振興

【令和元年度】地域で支え合いながら、高齢者が安心して暮らしていくための施策

【令和2年度】都内のCO_2排出量を削減していくための施策

Ⅱ類

【平成28年度～令和2年度】

　特に重要と考える都または局の課題

2　出題傾向

　Ⅰ類、Ⅱ類に応じて系統の異なる問題が出題されています。

　Ⅰ類は、その時々の都政を取り巻く状況を背景に、個別の政策に関するものが出題されており、Ⅱ類は自ら課題を設定して論じるものが出題されています。

3　課題整理の資料

　Ⅰ類、Ⅱ類とも対策は基本的に同じです。論文対策では、都の計画や事業を全て把握する必要はありません。それよりも都政を取り巻く社会情勢や課

題、それに対する政策の大きな方向性をつかんでおくことが重要です。その上で、都の各施策や自らの業務とも関連付けながら、具体的な解決策を記述していきます。

そこで、論文の作成に当たって参考となる資料を紹介します。

（1）「『未来の東京』戦略」（令和3年3月）

令和元年12月、ビジョンや政策の大きな柱などを示した「『未来の東京』戦略ビジョン」を土台に、その後の新型コロナでもたらされた変化・変革を踏まえ、戦略のバージョンアップを図り策定したのが、「『未来の東京』戦略」です。都は、今後取り組む大きな方向性を以下の3つに分けて示しています。

・「50年、100年先も豊かさにあふれる持続可能な都市をつくる」として、環境との共生やグリーンシフトで成長産業と新サービスを育成すること、人口減少など人口調整局面においても、デジタルを駆使して社会変革を遂げることで、持続的な成長を実現する。

・「『爆速』デジタル化で世界からの遅れを乗り越え、国際競争に打ち勝つ」として、デジタルトランスフォーメーション（DX）の強力な推進、行政のデジタル化の徹底、アジアで一番強い経済・金融都市をつくる。

・「『新しいつながり』を紡ぎ、安全安心な『新しい暮らし』を追求する」として、リアルとバーチャルによる新しいつながりの創出や、セーフティーネットのさらなる充実、多様な人のつながりによってイノベーションを生み出していく。

都政の新たな羅針盤となる本戦略の概要を必ず確認しましょう。

（2）知事の施政方針演説、所信表明

施政方針演説や所信表明は、都知事が考える都政運営の方向性を都議会の場で示すものです。最新の都政の方向性を把握するためにも、必ず目を通しておきましょう。

（3）各局の報道発表資料等

日々の都政の動きについては、各局が行う報道発表から情報を得ることができます。

第3章 論文攻略法

こうした資料を参考に、都政の重要テーマについて現状と課題、それに対応する具体的な解決策を整理し、箇条書きや表でまとめておくと良いでしょう。

課題整理「職場に関する出題」（1）

「職場に関する出題」の（1）における課題整理の方法を解説します。

令和２年度の試験問題を基に、どのように構成を練り、論述していけばよいかを考えていきましょう。

令和２年度問題 **（主任級職選考AI類、AII類　問題2）**

下記の事例と資料を分析し、次の（1）（2）に分けて述べてください。

【事例】　A局のB部C課は、A局の契約業務を行っている。あなたは、契約担当の主任として本年４月に局間交流でC課に配属された。今年度は、あなたの他に４月から配属のD課長代理、担当２年目のE主事、採用２年目で４月に局内事業所から異動してきたF主事の４人が契約担当となっている。

C課は、本年４月からテレワークを開始し、当番制の出勤体制により業務を行っている。C課では毎年５月末日の出納閉鎖に向けて、毎日、契約済案件の処理に追われていた。あなたは、契約業務の経験があったので、前任者からの引継ぎを受けた後、即戦力としてE主事と業務に取り組んでいた。F主事は、テレワーク中にE主事から業務の説明をメールで受けた後、案件の処理を開始した。F主事は、仕事中に受けた問合せの内容に対し、何度もE主事にメールで質問をしたが、忙しいE主事からのメールの返事は滞っていた。また、契約資料は紙資料が大半であり、F主事は、出勤日が週１回で、周囲に疑問点を聞く人が誰もおらず、自分の担当分の処理が遅れている状況であった。

　Ｆ主事が出勤した５月14日（木曜日）、業者Ｇから工事契約の内容と代金の入金期日に関する問合せの電話があった。Ｆ主事は、自分の担当案件であり、翌週には処理できると判断して、その旨を業者Ｇに答えた。しかし、別の案件の処理に手間取り、業者Ｇの案件の処理を失念してしまった。

　５月25日（月曜日）、Ｅ主事は業者Ｇからの電話を受け、「Ｆさんから、先週には工事代金が入金されると言われたが、いまだに入金がない。この後、銀行に対する返済対応もある」と怒られてしまった。すぐにＤ課長代理にメールで報告し、課長の指示を受けたＤ課長代理が業者Ｇに電話で謝罪した。そして、Ｅ主事が代わりに当該案件を処理し、業者Ｇへの支払を済ませた。

　翌日、Ｄ課長代理は、あなた、Ｅ主事及びＦ主事に対し、「今回のようなことが二度とおこらないよう、職場内での仕事の進め方について見直しを行うよう課長から指示を受けたので、対応すること」と話した。

(1) 設問の職場において、業務上のミスをなくし、円滑に業務を進めていく上での課題について、簡潔に述べてください。

（300字以上500字程度）

(2) (1)で述べた課題に対して、今後、あなたはどのように課題解決に向けて取り組んでいくべきか、主任に期待される役割を踏まえ、具体的に述べてください 。　　　（1,200字以上1,500字程度）

資料1　A局の組織図

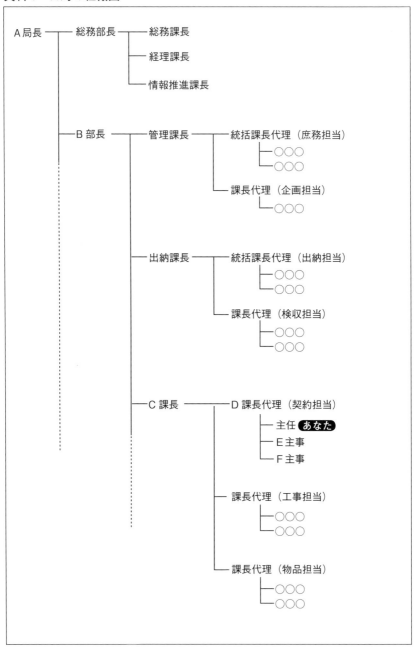

資料2　契約担当　業務分担表

◎　主担　　○　副担

業務項目	D課長代理	あなた（主任）	E主事	F主事
担当事務総括	◎			
経理課との調整	◎	○		
各部との連絡調整	◎	○		
予算執行管理・資料作成	◎	○		
監査・決算資料作成	◎	○		
庶務、文書		◎		○
工事契約事務		○	◎	○
物品契約事務		○	○	◎
業者指導・業者対応		○	◎	○
監督、検査業務		◎	○	
検収業務		◎	○	
工事施工に関する調整			◎	○

資料3　C課　出勤体制表（○が出勤日）

出勤曜日	課長	D課長代理	あなた（主任）	E主事	F主事
月曜日				○	
火曜日			○		
水曜日	○				
木曜日					○
金曜日		○			

1 問題点を列挙する（問題整理）

　試験問題を読んだら、まずは本文及び資料から読み取れる事例の職場の問題点を、可能な限りたくさん列挙してみましょう。方法としては、ラフなメモ書きを作成したり、問題点と思われる記載の箇所に下線を引いたりするとよいでしょう。たとえば、令和2年度の試験問題では、次のような問題点が抽出できます。

・「Ｃ課　出勤体制表」によると、出勤日が全員週1日で誰とも被ることがない。（資料3）①
・Ｆ主事は、仕事中に受けた問い合わせの内容に対し、何でもＥ主事にメールで質問したが、忙しいＥ主事からのメールの返信は滞っていた。（本文）②
・契約資料は紙資料が大半。（本文）③
・Ｆ主事は、出勤日が週1回で、周囲に疑問点を聞く人が誰もおらず、自分の担当分の処理が遅れている状況だった。（本文）④
・業者Ｇからの工事契約の内容と代金の入金期日に関する問い合わせに対し、Ｆ主事は自分の担当案件だからと独断で翌週には処理できると判断し、その旨を業者Ｇに伝えた。（本文）⑤
・Ｆ主事は、別の案件の処理に手間取り、業者Ｇとの案件の処理を失念してしまった。（本文）⑥
・Ｅ主事は業者Ｇからの電話を受け、入金がない旨怒られてしまった。（本文）⑦
・Ｆ主事が業者Ｇへの対応をした5月14日（木）から、Ｅ主事が苦情を受けた5月25日（月）までの10日以上、担当内で案件の処理状況の共有がされていなかった。（本文）⑧
・私とＦ主事は「庶務、文書」「工事契約事務」「物品契約事務」「業者指導・業者対応」で主担・副担の関係であるが、本文に接点の記載がない。（本文、資料2）⑨

2 問題整理の上での注意点

　問題点を列挙する際は、主観を極力排し、本文や資料からその根拠が読み取れる事実のみを書き出すようにしましょう。本文や資料から読み取れない

問題点を想像で記載してしまった場合は減点対象になる可能性があります。また、「F主事は、別の案件の処理に手間取り、業者Gとの案件の処理を失念してしまった」ことのように、直接的に本文に記載されている問題点のみならず、「案件処理を行う際に、情報共有や進捗確認する仕組みがない」ことのように明示されていない問題点を洗い出すこともポイントとなります。

　ただし、事例及び資料から読み取れる問題点を、必ず全て記載しないといけないというわけではないと考えます。もちろん、設例を十分に理解していることのアピールになるため、可能な限り問題点は列挙すべきですが、時間や字数に制限があるため全てを網羅することは困難な場合もあります。物量の多い本文と添付資料は、多様な回答の幅を許容するためのものと考えてよいでしょう。

3　課題抽出

　次に、整理した問題点をもとに課題の抽出を行います。列挙した問題点を分析・分類し、複数の問題点に共通する課題を抽出していきます。

　課題の抽出に当たっては、大きな柱として、

・事務改善（業務の遅れや非効率な事務処理が発生している場合）

・連携・情報共有（自分の担当だけ忙しい職場状況や職場内の情報伝達に問題が発生している場合）

・人材育成（事務処理に遅れやミスが目立つ新規採用職員等がいる場合）

柱	職場の問題点（問題抽出）	課題（課題抽出）
事務改善	・F主事の対応漏れが発生。 ・契約資料は紙資料が大半。 ・業者Gから入金がない旨怒られた。	進行管理の徹底
連携・情報共有	・出勤日が全員週1日で、誰とも被ることがない。 ・F主事の処理状況の共有が10日以上されていなかった。 ・F主事は業者からの問合せに対し、独断で回答した。	担当内の情報共有の活性化
人材育成	・F主事は疑問点を周囲に誰も聞く人がいない。 ・F主事はE主事にメールで質問をするが、回答は滞っていた。 ・私とF主事は担当が被っているが、あまり接点がない。	私が主体となったF主事の早期戦力化

・都民サービス（都民からの苦情が多く発生している場合）
・広報（積極的に情報発信することで都民のニーズを満たせる場合）
・「ライフ・ワーク・バランス」（一人の職員に多くの負担が生じている場合）
　以上の６点で大別すると分かりやすくなります。自分なりの柱を見つけてください。

　先ほど抽出した問題点を見ると、①〜④、⑥、⑦は、「事務改善」を柱として課題を抽出できそうですし、①〜③、⑤、⑧は、「連携・情報共有」を柱として課題を抽出できそうです。さらに、②、⑥、⑨は「人材育成」をテーマとして課題を抽出できると思います。この考え方にのっとり、今年度の問題を整理した例が表になります。

　このように、職場の問題点を柱ごとにまとめ、それに対応する課題を考えることが効果的です。なお、たくさんの課題を思いついたときは、問題に立ち戻り、対応する課題を優先してください。今年度は「業務上のミスをなくし、円滑に業務を進めていく上での課題」がテーマになっていますので、そのテーマに近い課題を中心に挙げましょう。

4　課題を整理する上での注意点

　課題を整理するに当たっては、次の点に気をつけてください。

　第一に、問題点から課題を設定するときに、論理の飛躍や乖離が生じないようにしてください。また、問題点と課題に乖離を生じさせないことも大切です。例えば、問題点として、ある職員一人に負担がかかっていることを挙げたにもかかわらず、その職員の事務レベルの向上を課題として挙げるのは乖離が生じています。私が主体的にフォローを行うことを想定した、担当内の協力体制の構築等が適切な課題だからです。

　第二に、抽出した課題が主任として主体的に解決可能であるかを確認してください。極端な例ですが、「業者Ｇから苦情が発生したのは、Ｆ主事が原因である。よって、Ｆ主事が行っている仕事を全て私が行う」では、その後の回答（２）で主任としての解決策を提示することが困難になります。主任として主体的に取り組むことができる課題を抽出することが大切になります。

5　論述する際のポイント

　課題が抽出できたら、解答用紙に記述していきます。なお、自分に合った

論述のパターンをあらかじめ決めておくのがよいでしょう。ここでは論述方法の一例を紹介します。末尾の解答例を併せてご参照ください。

　まず、各課題については概略を端的に記載します。三つの課題を抽出することが一般的であり、（1）は300字以上500字以内と考えると、一つの課題につき100字から150字程度で記載することになります。

　実際に書いてみると分かりますが、一つの課題を100字から150字程度で記載することは、字数がかなり少ないと感じると思います。つまり、ポイントを絞って簡潔に論述する必要があります。最初は長くなってしまう人が多いと思いますが、練習を重ねることで、無駄な表現を省き、読み手にわかりやすく伝えられる文書が書けるようにしましょう。また、視野の広さを示すために、「（資料2）」のように、資料から問題点を読み取った場合は出典を示すことができるとよいでしょう。

〈解答例〉

　設問の職場で業務上のミスをなくし、円滑に業務を進めていく上で、以下の課題がある。

　第一に、担当内の情報共有の活性化である。設問の職場では、当番制の出勤体制によって、担当内で2人以上出勤する日がない（資料3）。また、F主事の案件の処理状況について、10日以上担当内で共有されていなかった。このままでは、担当内の共有不足により、円滑な業務運営が妨げられる恐れがある。

　第二に、進行管理の徹底である。設問の職場では、F主事が自分の担当分の処理が遅れている。また、F主事は別の案件の処理に手間取り、業者Gの案件を失念し、業者Gから苦情を招いた。このままでは、対応の漏れや遅れが生じ、業者からの信頼を損ねる恐れがある。

　第三に、F主事の早期戦力化である。設問の職場では、私とF主事は担当が複数被っているが（資料2）、F主事は仕事中に受けた問い合わせは何でもE主事にメールで聞いていた。また、E主事からの返事は滞っており、F主事は周囲に疑問点を聞く人が誰もいない状況であった。このままでは、F主事が成長せず、組織力が低下する恐れがある。

第3章　論文攻略法

課題整理「職場に関する出題」（2）

　ここでは（2）における解決策の提示の論述方法について説明します。
（2）では、（1）で述べた課題に対して、自身が主任としてどのように取り
組んでいくか、具体的な解決策を論述します。

1　レジュメの作成方法

　実際の試験では設定した課題に即した解決策を提示するため、（1）の課題
設定と（2）の解決策の提示を同時に考え、レジュメにしていくことになり
ます。したがって、「レジュメ例」のような、「職場の問題点」「課題」「解決
策」の三つを柱にしたレジュメを作ることになります。

　レジュメを作成する上でのポイントは、思いついたことは全て書き出すこ
とです。特定の課題に対する解決策のみ厚くなっていないか、職場の問題点
に対応した解決策になっているか、6つの解決策（1つの課題につき2つの
解決策を提示の場合）が重複していないかを吟味し、取捨選択していきま
す。また、全体を通して一貫性のある論述をするための下地となることを意
識して作成する必要があります。次の＜論文構成例＞を常に頭に入れて、レ
ジュメを作成するとよいでしょう。

　慣れないうちは、レジュメの作成に時間がかかると思います。30分から
45分程度で完成できるように練習を重ねましょう。論文を書く上で、レジ
ュメの作成が一番重要と言っても過言ではありません。レジュメの構成が甘
いまま論文を書き始めると、全体のバランスが崩れるほか、書き直しが増え
ることで結果として多くの時間がかかります。よいレジュメを早く作成する
ために、課題と解決策について、いくつか事前に準備をしておくとよいでし
ょう。

2　解決策を考える上でのポイント

　主任としてふさわしい具体的な取り組みであることが重要になります。こ
れまでも繰り返し述べてきたように、論述する中で、「主任に期待される役
割」をしっかり認識していることを示してください。主事にも求められる取
り組み（自らの業務を今まで以上に正確・効率的に行う等）を記載するだけ

〈レジュメ作成例〉

職場の問題点	課題	解決策
・Ｆ主事の対応漏れが発生。 ・契約資料は紙が大半。 ・業者Ｇから入金がない旨怒られた。	進行管理の徹底	一件別の進行管理表の作成：共有フォルダに作成したガントチャート形式の進行管理表に各自の案件の進捗状況を記録し、共有する。資料で可能なものはＰＤＦ化し、案件の詳細も共有。進行管理表の確認：私が進行管理表を常時確認し、遅れている案件がある時は、担当職員への現状の確認とフォローを行う。
・出勤日が全員週１日で、誰とも被ることがない。 ・Ｆ主事の処理状況の共有が10日以上されていなかった。 ・Ｆ主事は業者からの問い合わせに対し、独断で回答した。	担当内の情報共有の活性化	オンラインを活用した朝会の開催：毎朝、担当内全員で、業務内容や進捗状況の確認をする。前述の進行管理表で気になる点があれば、この場で解決に当たる。担当内の業務内容の見える化：毎週第一開庁日に、その週に行う業務内容を、担当内で共有するスケジュール表に記載するよう担当内職員へ依頼。特に業者との約束期日については必ず記載し、担当内全員で案件管理に努める。
・Ｆ主事は疑問点を周囲に誰も聞く人がいない。 ・Ｆ主事はＥ主事にメールで質問をするが、回答は滞っていた。 ・私とＦ主事は担当が被っているが、あまり接点がない。	私が主体となったＦ主事の早期戦力化	・業務習熟度シートの作成：業務に関する制度や事務処理方法を細分化したシートを作成し、Ｆ主事を計画的に育成。 ・Ｆ主事への積極的なフォロー：Ｅ主事とともに、シートに基づき、Ｆ主事を指導。メールで質問する際は、Ｅ主事と私をあて先にするようＦ主事に依頼し、必要に応じてオンライン機能を用い対面でフォローする。

〈論文構成例〉　　R２出題：「業務上のミスをなくし、円滑に業務を進めていく」（問題文抜粋）ことが目標

（１）設問の職場において、「業務上のミスをなくし、円滑に業務を進めていく上で」以下の課題がある。	（２）前述の課題を解決するため、私は主任として以下の取り組みを行う。
第一に、（レジュメで記載した課題を書く）。設問の職場では、（レジュメで記載した職場の問題点を二つほど記載）このままでは、（発生する弊害を記載）恐れがある。（第二、第三も同様）	1、（レジュメで記載した課題を書く）（取り組みの必要性を記載する）をするために、（レジュメで記載した課題を書く）が必要である。具体的には、私は（一つ目の課題を書く）。また、私は（二つ目の課題を書く）。以下の取り組みにより発生する効果）ができる。（第二、第三も同様）

では不十分です。

　一方、主任の役割を超えた取り組み（人事配置に関するもの等）を記載するのも、不適切と言えるでしょう。例えば、「定例的な会議の開催を課長代理に提案する」「上位の職員と下位の職員のパイプ役になる」というよう

に、主任の立場で実現できる取り組みを挙げるようにしてください。

　解決策として、あなた単独の行動によるものではなく、他の職員や部署との連携を意識した組織的な取り組みを示すことも、高い評価を得るためのポイントです。チームとして取り組みを進めていくという主任の役割を踏まえ、組織としての連携やつながりを意識した解決策を考えましょう。そして論述する際には、資料にある組織図等を活用しながら、他の職員をどのように巻き込んで課題の解決に導いていくのかを述べていきましょう。

　試験前の対策としては、表のように、課題に対する解決策を類型化してストックしておくことが有効です。その際、再現論文が参考になるかと思いますが、過去の合格者の取り組みをそのまま暗記するのではなく、具体的な職場の中で自分がどのように動くのかを、自分の言葉で説明できるように準備しておくといいでしょう。

　提示する解決策は必ずしも斬新である必要はありません。むしろ、事例の職場の問題を解決する上で確かに有効だと多くの人が納得できる現実的な取り組みを挙げた方が評価されやすいでしょう。

3　論述のコツ

　課題や取り組みを記述する際には、その順序が重要になってきます。現実にその解決策に取り組んでいくことを考えれば、より緊急性が高く、より根幹に関わるものから取り組んでいくべきでしょう。論述に当たっても、実際に取り組む順序に合わせて、緊急性・重要性の高いものから書いていきましょう。また３つ課題を挙げるのであれば、(1)、(2) ともに分量が均等になることが望ましいと言えます。

　解決策を論述する際に触れる必要があるのは、①取り組みの必要性（背景）②取り組みの具体的な内容③取り組みによって期待される効果──の３点です。これらに触れながら、全体としての論理が明確となるよう記述していきます。「事例・資料から読み取れる問題点」→「課題の抽出」→「具体的な解決策」というつながりが論文全体で明確になるよう意識してください。

　取り組みの必要性については、これを示すことで、自身の問題意識を読み手と共有してから課題や解決策を論述することができるようになり、論理展開が明確になるとともに説得力を持たせることができます。ただし、(1) で既に論述している場合には、端的な表現にとどめるか省略してかまいませ

〈課題と解決策の例〉

課　題	解決策
情報共有や組織内コミュニケーションの活性化	・定例会の開催 ・情報共有シートの作成 ・情報共有を行う上でのルール作成
情報発信や対外的コミュニケーションの活性化	・ＨＰやパンフレットの作成、更新 ・関係団体との定期的な意見交換の実施 ・住民説明会の開催及び事後フォロー
組織内の支援体制の構築	・組織内の業務内容の見える化 ・業務分担の見直し ・組織内連携ＰＴの設置
未経験職員の早期戦力化	・ペア制の導入 ・知識習熟度確認シートの作成と活用 ・勉強会の開催
進行管理の徹底	・進行管理表の作成と管理 ・進行管理会議の開催 ・現状の進行管理の見直し
職務知識の向上	・マニュアルの作成、更新 ・座談会の開催 ・ロールプレイング形式の勉強会の開催
問い合わせ対応の体制構築	・問い合わせ対応記録表の作成 ・担当内ＤＢの作成と必要資料の格納 ・よくある質問をＨＰに掲載
イベントや住民説明会の確実な実施	・情報共有と推進体制構築のための所内ＰＴの立ち上げ ・スケジュールの見直しと進行管理表の作成

第**3**章

論文攻略法

ん。(1) と同じ内容を繰り返している場合、減点の対象となる可能性があります。

　取り組みの具体的な内容については、設定された職場において自身が行う取り組みをできるだけ具体的に記述します。「まず私は〜〜をする。(それを踏まえて) 次に私は〜〜を行う」といったように、順序立てた記述ができるとより論理性が増します。また、取り組みを進めるに当たって気をつける点についても触れておくと、深く考察していることを読み手に伝えることができます。一方で、多くの取り組みを盛り込みすぎると、かえって内容が浅くなってしまうため注意が必要です。字数を考慮すると、一つの課題について二つから三つの取り組みを示し、その内容や意義を丁寧に論述するのがいいでしょう。

　取り組みによって期待される効果については、提示した解決策が課題の解

決に結びつくことを示す上で重要です。「解決策」→「期待される効果」→「課題の解決」という流れが読み手に伝わるよう意識しましょう。

　なお、平成28年度までは、論文の最後に決意表明を述べることが一般的でしたが、平成29年度からは決意表明は評価の対象にならないことが都人事委員会から明示されました。したがって、記載する必要がなくなりましたが、論文の最後の締めや、本番字数が足りなくなったときに使えるので、事前に準備をしておいて損はないと考えます。

　力をつけるために重要な点は、事例・資料をよく分析して的確に課題を抽出すること、(1) の課題と (2) の解決策の関係を明確に論述すること、そして論述が問いに対する回答として的確であることです。試験対策に際しては、多くの問題をこなす前に、まず一つの問題に時間をかけて取り組むのがいいでしょう。一度よい論文を完成させられれば、論文を書くためのコツが何となくつかめてくると思います。そのためには、自分の書いた論文を読み返すだけでなく、上司等に繰り返し添削をしてもらいましょう。自分ではよく書けていると思っていても、第三者から見れば不十分な表現になっていることは少なくありません。そして、及第点をもらえるようになったら、時間の許す限り多くの問題に取り組むといいでしょう。

　本番は手書きでの回答です。試験対策の段階で、手書きで回答する練習を複数回行っておくこともおすすめします。自信を持って試験当日を迎えられるよう、余裕を持って対策に取り組んでください。

模範論文

　令和元年度の出題をベースにした模範論文（都政もの、職場もの）を掲載します。論文作成の参考にしてください。

問題1

（主任級職選考AI類　問題1）

　東京では、誰もが生き生きと生活できる、活躍できる都市の実現が求められています。地域で支え合いながら、高齢者が安心して暮らしていくために、都はどのような施策を行うべきか、次の（1）、（2）に分けて述べてください。

（1）高齢者が安心して暮らし、生きがいを持って活躍していく上での課題は何か、資料を分析して課題を抽出し、簡潔に述べてください。な

資料1　高齢者人口の推計（東京都）

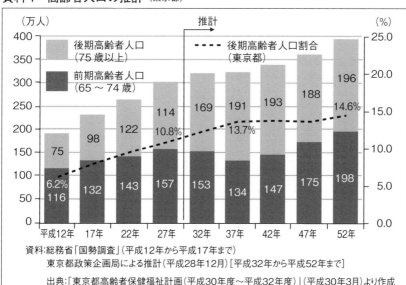

資料:総務省「国勢調査」(平成12年から平成17年まで)
　　　東京都政策企画局による推計(平成28年12月)[平成32年から平成52年まで]
　　出典:「東京都高齢者保健福祉計画(平成30年度〜平成32年度)」(平成30年3月)より作成

お、資料４点のうち、２点以上に触れること。

（300字以上500字程度）

(2) (1)で述べた課題に対して、都は具体的にどのような取り組みを行っていくべきか、その理由とともに述べてください。

（1,200字以上1,500字程度）

資料２　介護職員の需要・供給と主な介護サービス量の推計

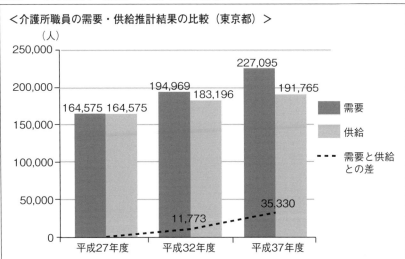

＜介護所職員の需要・供給推計結果の比較（東京都）＞

※将来の介護職員の需要数は、区市町村が見込んだ将来の介護給付及び予防給付のサービス利用者数の集計結果を基に、都が介護職員配置率を乗じ推計（中位推計）したものによる。

＜主な介護サービス量の見込み（東京都）＞

種類	内容	平成28年度	平成37年度（推計）
居宅サービス（除く居住系サービス）	訪問介護（回／年）	27,843,315	38,733,478
	短期入所サービス（日／年）	2,492,788	3,752,850
	通所介護・地域密着型通所介護計（回／年）※地域密着型サービス含む	14,932,184	22,449,545
施設サービス利用者数	介護老人福祉施設（人）	45,622	62,191
	介護老人保健施設（人）	22,042	28,234

※平成37年度のサービス見込量の数値は、都内各保険者（区市町村）が、介護保険事業計画策定のために推計した介護給付等対象サービス量又は利用者数の見込みを集計したもの。

出典：「東京都高齢者保健福祉計画（平成30年度～平成32年度）」（平成30年3月）より作成

資料3　高齢者の社会参加の動向と就業

※都内に居住する 65 歳以上の居宅高齢者に調査　n ＝ 4390

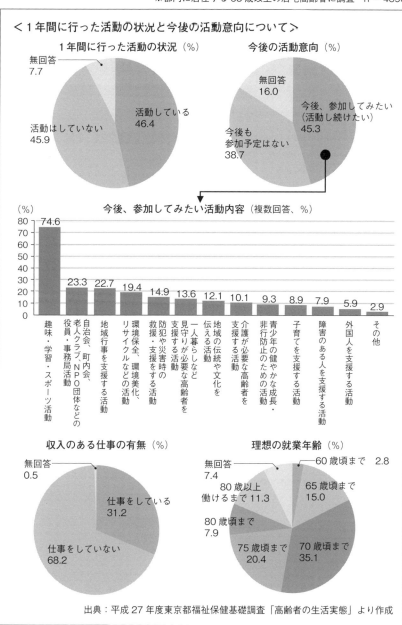

< 1 年間に行った活動の状況と今後の活動意向について＞

１年間に行った活動の状況（％）

- 無回答 7.7
- 活動している 46.4
- 活動はしていない 45.9

今後の活動意向（％）

- 無回答 16.0
- 今後、参加してみたい（活動し続けたい）45.3
- 今後も参加予定はない 38.7

今後、参加してみたい活動内容（複数回答、％）

- 趣味・学習・スポーツ活動 74.6
- 自治会、町内会、老人クラブ NPO 団体などの役員・事務局活動 23.3
- 地域行事を支援する活動 22.7
- 環境保全、環境美化、リサイクルなどの活動 19.4
- 防犯や災害時の救援・支援をする活動 14.9
- 一人暮らしなど見守りが必要な高齢者を支援する活動 13.6
- 地域の伝統や文化を伝える活動 12.1
- 介護が必要な高齢者を支援する活動 10.1
- 青少年の健やかな成長・非行防止のための活動 9.3
- 子育てを支援する活動 8.9
- 障害のある人を支援する活動 7.9
- 外国人を支援する活動 5.9
- その他 2.9

収入のある仕事の有無（％）

- 無回答 0.5
- 仕事をしている 31.2
- 仕事をしていない 68.2

理想の就業年齢（％）

- 無回答 7.4
- 60 歳頃まで 2.8
- 65 歳頃まで 15.0
- 70 歳頃まで 35.1
- 75 歳頃まで 20.4
- 80 歳頃まで 7.9
- 80 歳以上働けるまで 11.3

出典：平成 27 年度東京都福祉保健基礎調査「高齢者の生活実態」より作成

第3章

論文攻略法

209

資料4　高齢者の外出及び居住における状況

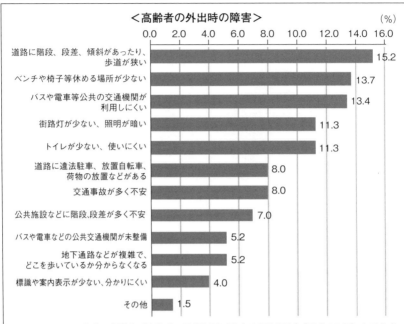

＜高齢者の外出時の障害＞ (%)

道路に階段、段差、傾斜があったり、歩道が狭い	15.2
ベンチや椅子等休める場所が少ない	13.7
バスや電車等公共の交通機関が利用しにくい	13.4
街路灯が少ない、照明が暗い	11.3
トイレが少ない、使いにくい	11.3
道路に違法駐車、放置自転車、荷物の放置などがある	8.0
交通事故が多く不安	8.0
公共施設などに階段、段差が多く不安	7.0
バスや電車などの公共交通機関が未整備	5.2
地下通路などが複雑で、どこを歩いているか分からなくなる	5.2
標識や案内表示が少ない、分かりにくい	4.0
その他	1.5

出典：内閣府「高齢者の日常生活に関する意識調査」（平成26年）より作成

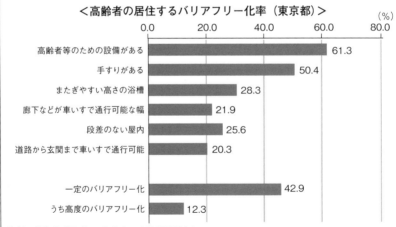

＜高齢者の居住するバリアフリー化率（東京都）＞ (%)

高齢者等のための設備がある	61.3
手すりがある	50.4
またぎやすい高さの浴槽	28.3
廊下などが車いすで通行可能な幅	21.9
段差のない屋内	25.6
道路から玄関まで車いすで通行可能	20.3
一定のバリアフリー化	42.9
うち高度のバリアフリー化	12.3

資料：総務省「平成25年住宅・土地統計調査」
（注）・一定のバリアフリー化：「2か所以上の手すりの設置」又は「段差のない屋内」を満たす住宅
　　　・高度のバリアフリー化：「2か所以上の手すりの設置」、「段差のない屋内」、「廊下などが車い
　　　　すで通行可能な幅」のいずれも満たす住宅

出典：「東京都高齢者保健福祉計画（平成30年度～平成32年度）」（平成30年3月）より作成

論文例（都政もの）

(1)

　高齢者が安心して暮らし、生きがいを持って活躍していく上での課題として、資料から次の３つが挙げられる。

　第一に、高齢者への配慮に欠けた都市環境になっていることである。資料４よると、高齢者の外出時の障害として、道路の階段、段差等の歩行を妨げる障害が最も多いことが分かる。また、休める場所の少なさ等も多く挙げられており、特に高齢者にとって外出の障害となりやすい要因が多いことから、対策が必要と考えられる。

　第二に、介護需要の増大に供給が追い付いていないことである。資料２によると、介護職員不足は２次曲線的に増加していることが分かる。今後の高齢化比率の増加に伴い、この傾向は続くとみられるため、対策は急務である。

　第三に、高齢者の就労支援である。資料３によると、理想の就業年齢が65歳より上と答えている人の割合を合計すると、75％程度にもなる。しかし、65歳以上で実際に仕事をしている人は30％程度にとどまっている。これは、まだまだ働けると感じているのに働いていない人がかなりの割合でいることを意味している。

(2)

　(1) の課題に対し、都は以下の３つの取り組みを行っていく必要がある。

1　高齢者目線での都市整備

　高齢者にとって障害のない街は、あらゆる人にとって暮らしやすい街となる。そのため高齢者目線に立った都市整備は、非常に意義が深い。

　まず、安全に移動できるようにするため歩道や公共施設の段差をスロープ化し、エレベーターやエスカレーター等の設置を一層推進する。また、現在都が行っている無電柱化を推し進めることで、幅員を拡大し、障害のない街を実現していく。さらに歩行者のための小広場や、ベンチを設置した緑道の整備を進め、休める場所を増やすと共に潤いのある街にする。

　これらの取り組みにより、気軽に外出したくなる空間づくりを行う。外出する頻度が増えることで、社会参加や人との交流が増え、生き生きと生活で

きる。

2 介護サービスの充実

　現在も介護職員確保のため様々な支援は行われているが、急速な高齢化と核家族化により供給が追い付いていない。そこで次のような施策に取り組んでいく。

　まず、各地域に介護トータルケアの体制を作り、官民の介護コーディネーターの養成など専門家を育成し配置するようにする。そして居宅サービスと施設サービスの連携を強化し、サービスの総合化を図っていく。これによりデイケアやショートステイ等を推進し、施設サービスの一部開放化を行うことで、地域全体としての介護を支援する。合わせて居住介護者の相談にのり、不備を補う等の細やかな手助けも行えるようにする。また、東京2020大会以降、アパート等は空室が多くなると予想されているため、借り上げを行いシルバーピアの増設も進める。さらに介護職員不足を補うため、地域住民ボランティアの活用を図る。そのため住民が社会福祉に対する関心をよせ、専門性を高める教育に力を注いでいく。合わせてサービスで困ったときの相談場所や対応を周知し、自主的なサービス提供への参加を募るような広報活動も強化する。

　これらの取り組みにより地域全体で介護に取り組む機運を生み、高齢者が安心して生活していけるようにする。

3 高齢者の就労支援

　現在は、医療の発達や健康意識の上昇により、高齢でも健康でまだまだ働けると感じている人は多い。しかし、定年退職を迎え、そのまま働かなくなってしまう人が多数いる。

　そこで、退職者の再就職支援制度をより充実させる必要がある。退職者の知識や経験を活用したいと考える企業を広く開拓し、マッチングを行っていく。また一度働かなくなってしまうと、再就職への意識が失われやすいため、退職前の段階から、再就職セミナー等への参加を促し、シームレスに働けるようなキャリアプランを形成できるようにする。さらに、退職後はこれまでと違う仕事をしてみたいと考える人のために、相談や資格取得支援等にも力を入れていく。

これらの取り組みにより就業期間が延び、生きがいを持って活躍することができる。また収入が増えることで、より豊かな生活を送ることにもつながる。

4　まとめ

　上記3点に取り組むことで高齢者が安心して暮らし、生きがいを持って活躍することができる。それにより東京都の活力を維持し、持続的な成長を続けていくことを可能とする。そして先進国の多くが少子高齢化の課題を抱える中、最も高齢化比率の高い国の政策として、良き指針となっていく。

(参考) 都政もの
(高齢者が安心して暮らし、生きがいを持って活躍していくための取り組み)

	1	2	3
課題	高齢者への配慮に欠けた都市環境	介護需要の増大に供給が追い付いていない	高齢者の就労支援
	・道路の階段、段差等の障害多い ・休める場所も少ない	・介護職員不足 ・高齢化に伴いこの傾向は継続	・65歳以上での就労30%程度 ・理想の就業年齢→65歳以上は75%
解決策	高齢者目線での都市整備	介護サービスの充実	高齢者の就労支援
	・歩道や公共施設の段差解消 ・無電柱化による幅員拡大 ・外出を促す空間づくり	・介護トータルケア体制構築 ・専門家の育成・配置 ・施設サービスの一部開放 ・住宅の増設	・再就職支援制度の充実 ・キャリアプラン形成への支援 ・相談や資格取得支援の充実

第**3**章　論文攻略法

(主任級職選考AI類、AII類　問題2)

下記の事例と資料を分析し、次の (1)、(2) に分けて述べてください。

【事例】A局のB事務所は、多摩地域の民間事業者に対する許可業務等を行っている。この事務所では、管理担当が所の庶務及び許可申請の受付と許可書の交付とを行い、審査担当が許可の審査・決定と相談受付・対応とを行っている。あなたは、この事務所で審査担当の主任として、昨年4月に配属された。今年度は、あなたの他に、担当2年目のC課長代理、担当2年目のD主事、担当1年目のE主事が同業務の担当となっている。昨年度までは、審査業務に精通したベテランのF主事がいたが、今年度、B事務所の管理担当に異動している。

　今年度になり、審査担当は日中、窓口での相談対応に追われて書類が審査できずに超過勤務が多くなり、特にD主事とE主事は、許可の審査に時間がかかり決定が遅れ、事業者からの苦情が増えてきた。数日前には、相談窓口でE主事が事業者に、本来必要ない書類の提出を指導してしまい、「今回のケースではその書類は必要ないはずだ、よく確認しろ。」と事業者が大声を出したので、あなたが慌てて仲裁に入ったことがあった。また、先週D主事の出張中には、D主事の担当する事業者が書類訂正に関して相談窓口に来たが、他の担当者が誰も内容を把握しておらず、事業者から苦情を言われた。

管理担当のF主事は、担当1年目のG主事とともに許可申請の受付事務等を行っているが、今年度に入ってから介護休暇をとることが多くなった。このため、まだ事務に不慣れなG主事が一人で受付事務を行い、たびたび必要書類が不足したまま申請を受け付けてしまい、審査が遅れる原因の一つとなっている。

　6月になって、所長から「本庁で制度改正に向けた検討会が立ち上がったので、月1回、審査担当としてC課長代理が参加してほしい。ますます忙しい状況だが、できるだけ超過勤務も減らすように。また、今年度になってから事業者からの苦情も増えているようなので、早急に対応策を検討して、業務の改善に取り組んでほしい。」とC課

：長代理とあなたに指示があった。

(1) 設問の職場において、業務を円滑に進めていく上での課題について、簡潔に述べてください。 　　　　　(300字以上500字程度)

(2) (1)で述べた課題に対して、今後、あなたはどのように課題解決に向けて取り組んでいくべきか、主任に期待される役割を踏まえ、具体的に述べてください。 　　　　(1,200字以上1,500字程度)

資料1　A局の組織図

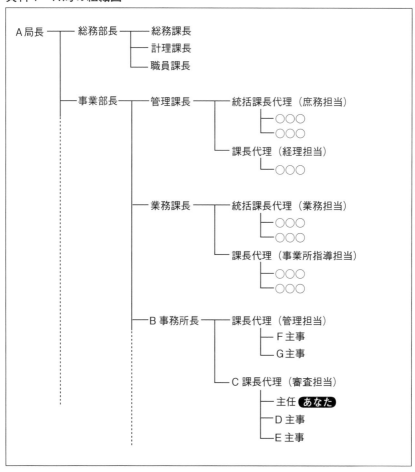

第**3**章

論文攻略法

資料2　B事務所における許可申請に係る事務処理のフロー図

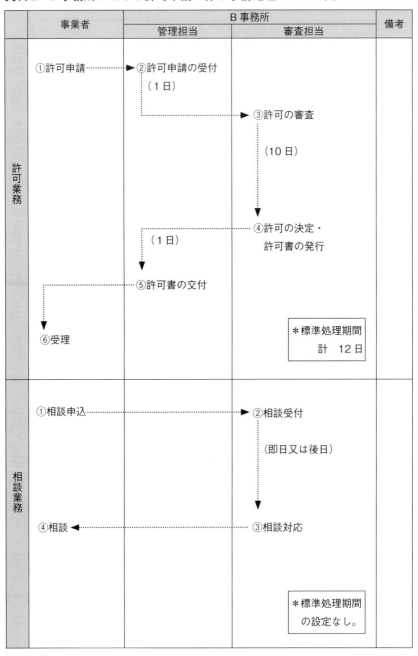

	事業者	B事務所		備考
		管理担当	審査担当	
許可業務	①許可申請⋯⋯⋯	▶②許可申請の受付 （1日）		
		⋯⋯⋯⋯⋯⋯▶	③許可の審査 （10日）	
		（1日）	④許可の決定・ 　許可書の発行	
		⑤許可書の交付		
	⑥受理		＊標準処理期間 　計　12日	
相談業務	①相談申込⋯⋯⋯		▶②相談受付 （即日又は後日）	
	④相談 ◀⋯⋯⋯⋯⋯⋯		③相談対応	
			＊標準処理期間 　の設定なし。	

216

資料3

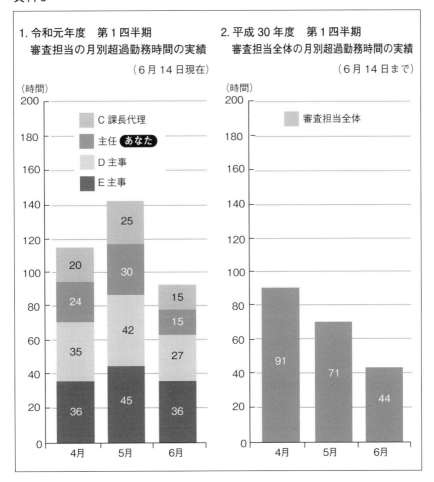

1. 令和元年度　第1四半期
　審査担当の月別超過勤務時間の実績
（6月14日現在）

2. 平成30年度　第1四半期
　審査担当全体の月別超過勤務時間の実績
（6月14日まで）

資料4　B事務所に事業者から寄せられた主な苦情内容
（今年度4〜5月分）

○審査の基準があいまいで、再度資料提出が求められた。
○担当者不在で、再度、来所することになった。
○窓口に担当者が1名で、待ち時間が長い。
○担当者の話があいまいで、わかりにくい。
○担当者となかなか連絡がつかない。
○人によって、指導内容が異なる。

（1）

　設問の職場において、円滑に業務を進めていく上での課題は以下の3つである。

　第一に、職員が業務遂行能力を習得できていないことである。設問の職場では、D主事、E主事が許可の審査に時間がかかり、苦情が増加している。また、G主事は受付事務に不慣れで、必要書類が不足したまま受付を行っている。資料3によれば、5月、6月の超過勤務は昨年度の2倍以上となっている。効率的に業務を処理するためには、職員のスキルアップが急務である。

　第二に、情報共有・連携ができていないことである。設問の職場では、D主事の出張時に相談にきた事業者の相談内容を誰も知らず、苦情を受けた。また、資料4によれば、人によって指導内容が異なるとの苦情もある。情報が共有されていなければ、組織的に統一した対応やフォローができないため、改める必要がある。

　第三に、事業者目線に立った対応ができていないことである。設問の職場では、審査の基準があいまいで、再度資料提出を求められたり、窓口に担当者が1名で待ち時間が長いとの苦情がある。事業所において、事業者目線に立った対応ができなければ、事業者からの信頼が低下してしまう。

（2）

　私は（1）で挙げた課題を解決するために、以下の3点に取り組む。

1　職員のスキルアップ

　設問の職場では、F主事のノウハウがD主事、E主事に継承されていない。また、D主事の業務スキルの向上も必要である。

　そこで、まず私はC課長代理にマニュアルの作成を提案する。設問の職場では、管理担当と審査担当の業務が密接に関わっているため、マニュアルは両担当合同のものとする。具体的には、私、D主事、E主事で審査担当マニュアルを作成し、F主事、G主事に管理担当のマニュアルの作成を依頼する。私は両担当の業務の関連性が分かるように整理した上で、それらを統合

し、共有フォルダに保存する。マニュアル作成に当たっては、D主事、E主事には若手の目線から分かりづらい点の意見を聴取し、初学者でも理解できるものとする。

　また、C課長代理と管理担当の課長代理に勉強会の実施を提案する。第一回の講師はF主事に依頼する。F主事が介護休暇を取得することに配慮し、資料は前述のマニュアルを使用し、日程調整等は私が行うことで、負担を最小限に抑える。また、第二回目以降は、私、D主事、E主事、G主事による勉強会とし、自主的にスキルアップを図っていく。

　これらの取り組みにより、職場のノウハウを共有し、職員のスキルアップを図り効率的かつ円滑に業務を処理することが可能となる。

2　組織として業務遂行できる仕組みづくり

　設問の職場では、業務に関する情報が属人的なものとなっており、組織的に共有されていない。

　そこで、まず私は、C課長代理に許可申請業務対応表の導入を提案する。対応表はエクセルで作成し、資料2のフローに対応した処理状況、申請者、処理日、特記事項を記載する様式とする。また、標準処理期間が近づくにつれて、セルが黄、赤と色付けされるよう条件設定をして、期限を見える化する。これを随時入力するよう、D主事、E主事に依頼する。導入に当たっては、管理担当の協力が必要不可欠であることから、C課長代理と共に、管理担当の課長代理に意義や必要性を説明し、記載を依頼する。私は対応表を毎日確認し、標準処理期間を過ぎることが懸念されるものは、担当に状況を確認し、対応案を一緒に検討の上、C課長代理に速やかに報告する。対応表は各自で随時参照するだけでなく、毎朝10分の担当会を開き、特に共有が必要な事項を共有する。

　これらの取り組みにより、各職員は所全体の業務の処理状況を把握することができ、組織的なフォロー・チェック体制を構築することが可能となる。

3　事業者目線に立った業務実施

　設問の職場では、事業者が審査基準を把握できずに手戻りが発生したり、待ち時間の長さによる苦情が発生し、これが円滑な業務遂行を妨げる一因となっている。

そこで、まず私は審査基準の策定・公表をＣ課長代理に提案する。具体的には、どのような部分、どのような視点でチェックしているか、必要な書類は何かを体系的に整理し、記載例や図を用いて分かりやすいものとする。私は案を作成後、前述の担当会で担当内の意見を聴取し、Ｃ課長代理、Ｂ事業所長の了解を得て、HP及び窓口に掲示する。これにより、事業者に審査の予測可能性を与え、手戻りを防ぐことができる。

　また、窓口説明用の資料を作成したり、よくある質問を整理し、HPに掲載することで問合せ対応に係る時間を短縮する。これらの取り組みにより、事業者の利便性を向上させつつ、事業所の円滑な業務遂行を実現させることが可能となる。

　以上３点の取り組みにより、円滑に業務を実施し、超過勤務を削減しつつ、制度改正に向けた検討会にも対応できるよう貢献していく。

第4節 論文添削

1 論文 1—【都政もの】

　東京では、少子化を解消し、次代を担う全ての子ども・若者が将来への希望をもって育つ都市が求められている。安心して子どもを生み、育て、その子どもが健やかに成長するためには、どのような取り組みを行

資料1

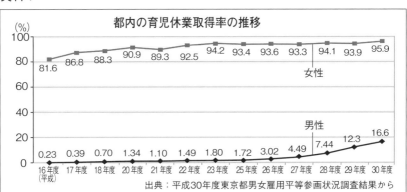

都内の育児休業取得率の推移

女性: 81.6　86.8　88.3　90.9　89.3　92.5　94.2　93.4　93.6　93.3　94.1　93.9　95.9

男性: 0.23　0.39　0.70　1.34　1.10　1.49　1.80　1.72　3.02　4.49　7.44　12.3　16.6

16年度（平成）　17年度　18年度　20年度　21年度　22年度　23年度　25年度　26年度　27年度　28年度　29年度　30年度

出典：平成30年度東京都男女雇用平等参画状況調査結果から

保育所等利用待機児童数の推移

2015: 7,814　2016: 8,466　2017: 8,586　2018: 5,414　2019: 3,690

出典：東京都HP「都内の保育サービスの状況について」から作成

221

うべきか、次の（1）、（2）に分けて述べてください。

（1）子育ての環境整備及び子どもの成長を促進する上での課題は何か、資料を分析して課題を抽出し、簡潔に述べてください。なお、資料4点のうち、2点以上に触れること。（300字以上500字程度）

（2）（1）で述べた課題に対して、都は具体的にどのような取り組みを行っていくべきか、その理由とともに述べてください。

（1200字以上1500字程度）

資料2 都の合計特殊出生率と出生数の推移

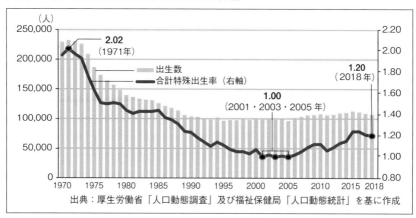

出典：厚生労働省「人口動態調査」及び福祉保健局「人口動態統計」を基に作成

資料3-1 SNS等に起因する事犯の被害児童数の推移

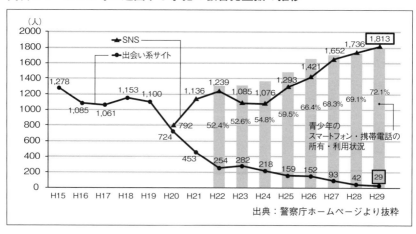

出典：警察庁ホームページより抜粋

資料 3-2　児童相談所における児童虐待に関する相談件数

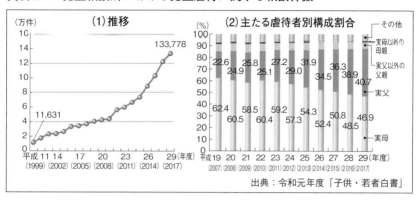

出典：令和元年度「子供・若者白書」

資料 4　都道府県別高校生の留学率（折れ線グラフ）と留学数（棒グラフ）

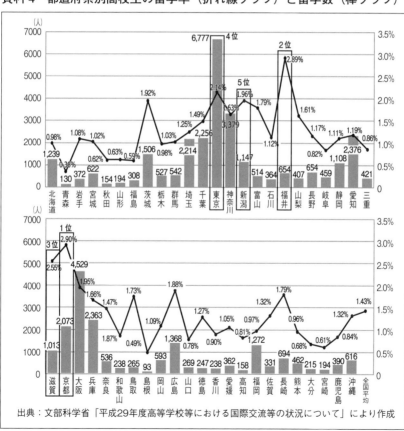

出典：文部科学省「平成29年度高等学校等における国際交流等の状況について」により作成

(1) 子育ての環境整備及び子どもの成長を促進する上で、都が取り組むべき課題は以下の3つである。

第一に、育児と仕事を両立できる環境の整備である。資料1によると、都内の男性の育児休業取得率は16.6％であり、男性が育児休業を取得しながら育児に参加することが難しい状況であることが分かる。また、都内の待機児童数は3690人であり、子どもを保育園等に預けられない人が一定数いることが分かる。男性が育児に参加しやすい環境及び、子どもを預けながら働くことのできる環境を整備することが求められる。

第二に、出産・子育てに対する不安の軽減である。資料2によると、東京都の合計特殊出生率は1.20といまだ低水準であることが分かる。誰もが安心して出産・子育てができるよう、適切な支援体制の構築が求められる。

第三に、子どもが安心して暮らせる社会の実現である。資料3によると、SNSに起因する事犯の被害者児童が増えていることが分かる。子ども自身がSNS犯罪予防の知識やトラブル時の対応方法を身に付けられるよう、自らの身を守る術を学ぶことのできる機会を提供することが求められる。

(2) 安心して子どもを生み、育て、その子どもが健やかに成長するために、都は以下の取り組みを行っていくべきである。

1　育児と仕事を両立できる環境の整備

都はこれまで、育児中の従業員の就業継続や男性従業員の育児休業取得を応援する企業に対して奨励金を支給する等、育児と仕事の両立に力を入れてきた。しかし、男性が育児休業を取得して子育てに参加する環境や、女性が子どもを保育園に預けて仕事に復帰する環境の整備については更なる取り組みが求められ、男女ともに育児と仕事を両立できる環境づくりを行わなくてはならない。

そこで都は、男性の育児休業のモデルケース及び事業者向けのガイドラインを作成し、男性が育児休業を取得することが「当たり前」になるような体制づくりの支援を行う。また、男性の育児休業の取得率が高い事業者に対しては、育児休業優良事業者として認定・表彰を行う等、事業者が積極的に子育て環境の整備に関われるよう後押ししていく。

さらに、待機児童対策として、公の施設や空き家を活用し保育園の施設の整備を行うとともに、保育士の確保に向けて資格取得に係る費用の補助や、専門のアドバイザーの派遣を行い保育士が働きやすい職場を築く等、保育園においてより多くの子どもを受け入れることができる環境を整備する。

これらの取り組みにより、男女ともに仕事と育児を両立できる環境の整備を行う。

2　出産・子育てに対する不安の軽減

都は現在、妊娠期から子育て期にわたって、きめ細かな支援を受けることができるよう、子育て世代包括支援センターの設置促進を図っている。また、子育て世帯や妊婦がいる世帯に対してアプリ等を通じて、様々なサービス提供を行っている。

しかし、必要な情報が得にくいことなどから、必要な医療や子育て支援サービスを適切に利用できず、妊娠・出産・子育てに関して不安を抱える妊婦や保護者もいる。

そこで都は、都内の病院や保育園等で、都や区市町村が行っている子ども・子育て支援に関する情報の掲示を行い、保護者が適切に子育て支援策に結びつくよう周知を行う。

また、現在配信しているアプリにおいて、利用者である子育て家庭の多様なニーズを更に反映させ、必要な情報を簡単に検索できる機能や、妊娠・出産・子育てに関する相談機能等、内容の更なる充実を図っていく。

さらに、妊婦等の心身の状態や家庭の状況の把握を行う区市町村の専門職に対して、都が研修などを行い、そこで区市町村の取り組みを共有することで、専門職の人材の育成及び能力・資質の向上を図っていく。

これらの取り組みにより、出産・子育てに係る不安の軽減を図っていく。

3　子どもが安心して暮らせる社会の実現

都は現在、子どもがSNS等で被害に遭わないための知識を身に付けることを目的とした講座を無料で実施している。しかし、スマートフォンの急速な普及に伴い、幼少期からインターネットを利用する子どもが増えている現状で、成長段階に合わせた更なる取り組みが求められる。

そこで都は、都内の学校において、インターネットの危険性やSNSの適

切な利用方法についての授業を学年ごとに取り入れ、子どもたちがSNSマナーやSNS犯罪例などを学べる機会を創出する。

また、「東京都SNSルール」について、更に周知を行うとともに、学校においてスマートフォンの利用に係る家庭内でのルール作りの支援を行う。

さらに、SNSトラブルに関する相談については、現在都で行っているLINE相談窓口の周知を、TwitterやYouTube等を使用し、子どもたちが気軽に窓口を利用できる機運を醸成する。

これらの取り組みにより、子どもが安心して暮らせる社会を実現する。

解説

本課題は子育てに適した都市の実現に向けた内容に係る出題です。試験では、提示されるグラフ等の資料から、自らの視点で課題を抽出して分析し、都の取り組むべき解決策を考えていく問題意識や問題解決力、さらに論理的に論述する表現力が求められます。

主任試験という限られた時間の中で、課題を適切に抽出・分析し、解決策を述べるためには、日頃から都政の課題に対し、問題意識を持つことが重要です。「未来の東京」戦略や知事の所信表明、都の報道発表、各局が策定する計画等を確認しておくと良いでしょう。

また、確認した都政の課題や過去問を例に実際に論文を作成し、出題形式に慣れておくことも重要です。論文は第三者が採点するものですので、作成した論文については必ず、所属の課長や先輩などに添削してもらい、アドバイスをもらいましょう。

そして、試験本番では、必ずレジュメを作成してから論文を作成しましょう。その際、抽出した各課題のバランス、課題の原因・背景、解決策、効果等の整理を行うことで、一貫性のある論理的な論文を作成することができるようになるとともに、書き直しが減り、効率的に進めることにつながります。また、「ヒト・モノ・カネ」など様々な観点を含めた解決策をバランスよく提示することで、広い視野を持っているということをアピールできます。日頃から取り組む試験勉強の際にも、これらを意識して各課題について整理しておくと良いでしょう。

講評

　まず、（1）では、提示された資料から自らの視点で適切に課題を抽出・分析することで、問題意識の高さを示す必要があります。

　今回の論文例では、提示された資料からバランスよく課題が抽出されています。

　さらに、それぞれの論点に対し、東京という大都市ならではの性質にも触れて、具体的に記述することでより説得力のある論文になります。

　例えば、第二の「出産・子育てに対する不安の軽減」では、他都市よりも人口が多く、転入人口も多いものの、合計特殊出生率は全国最低であり、今後の東京の成長を考えた際には、他県からの転入に頼らない構造を作る必要があることに触れるとよいでしょう。

　（2）では、各課題に対する取り組みを論じる前に、課題の分析を行います。具体的には、各課題の背景や原因を指摘することで、読み手に取り組みの必要性を伝えます。次に解決策を提示しますが、その際、分析した内容と論理的につながりのある解決策となるように意識する必要があります。

　例えば、第二の取り組みでは、解決策として「病院や保育園等での情報の周知」「アプリの情報検索機能等の拡充」を提示しています。これは、先に提示した「必要な情報が得にくいこと等から、必要な支援サービスを適切に利用できない」という課題の背景や原因を受け、解決策として提示できているため、読み手にも伝わります。また、解決策の提示は、本論文のように東京都の立場で実現できるものを具体的に取り上げてください。

　全体を通して、分かりやすい表現で論理的に論述できています。また、「そこで都は」「これらの取り組みにより」など、各段落のつなぎ目として、同じ言葉を繰り返し使用することで、論理展開が統一され、読みやすさにもつながっているようです。

　「都政もの」については、都政の多岐にわたる分野の課題に対して、幅広く準備しておく必要があるため、通常の業務をこなしつつ、試験対策を行うことは大変かもしれません。しかし、試験対策として身に付けた知識や力は、自身の業務に生かすことができるものばかりです。都政人として成長するための良い機会だと思って、前向きに取り組んでみてください。

第**3**章

論文攻略法

論文 2—【都政もの】

近年、集中豪雨や台風などの自然災害による水害が増えており、様々な被害が発生している。このことを踏まえ、東京に住む誰もが安心して暮らせる都市を実現するためには、どのような取り組みを行うべきか、次の (1)、(2) に分けて述べてください。

(1) 東京都の水害対策として何が課題か資料を分析して課題を抽出し、簡潔に述べてください。　　　　　　（300字以上500字程度）

(2) (1) で述べた課題に対して、都は具体的にどのような取り組みを行っていくべきか、その理由とともに述べてください。

（1200字以上1500字程度）

資料1　1時間当たり50mm以上の降雨発生回数と回帰直線

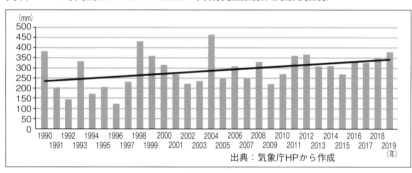

出典：気象庁HPから作成

資料2　特別区消防団の団員数と充足率

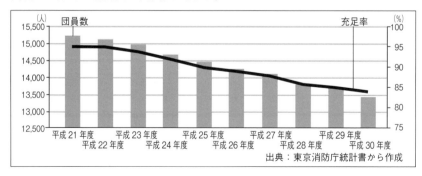

出典：東京消防庁統計書から作成

資料3　あなたが避難行動を開始する際に参考にする情報はどこから入手しますか。（避難を実施しなかった方も回答願います。複数回答可）

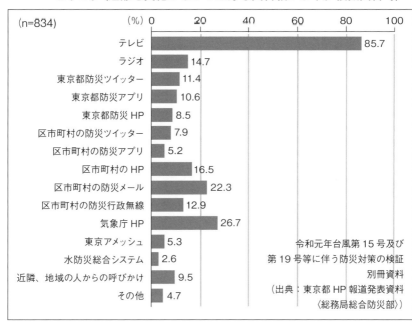

(n=834)

	(%)
テレビ	85.7
ラジオ	14.7
東京都防災ツイッター	11.4
東京都防災アプリ	10.6
東京都防災 HP	8.5
区市町村の防災ツイッター	7.9
区市町村の防災アプリ	5.2
区市町村の HP	16.5
区市町村の防災メール	22.3
区市町村の防災行政無線	12.9
気象庁 HP	26.7
東京アメッシュ	5.3
水防災総合システム	2.6
近隣、地域の人からの呼びかけ	9.5
その他	4.7

令和元年台風第 15 号及び
第 19 号等に伴う防災対策の検証
別冊資料
（出典：東京都 HP 報道発表資料
〈総務局総合防災部〉）

資料4　今回の台風や大雨を経験して、行政（区市町村、都、国）に望むものは何ですか。（複数回答可）

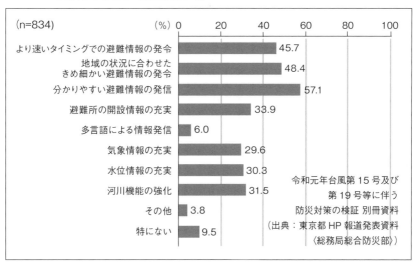

(n=834)

	(%)
より速いタイミングでの避難情報の発令	45.7
地域の状況に合わせたきめ細かい避難情報の発令	48.4
分かりやすい避難情報の発信	57.1
避難所の開設情報の充実	33.9
多言語による情報発信	6.0
気象情報の充実	29.6
水位情報の充実	30.3
河川機能の強化	31.5
その他	3.8
特にない	9.5

令和元年台風第 15 号及び
第 19 号等に伴う
防災対策の検証 別冊資料
（出典：東京都 HP 報道発表資料
〈総務局総合防災部〉）

論文例2

(1)

　東京は現在、日本の各所で発生している集中豪雨や大型の台風など、水害のリスクを抱えている。安全・安心なまち東京を実現するために、以下の3つの課題に取り組んでいく必要がある。

　第一に、豪雨対策の更なる推進である。資料1を見ると、時間50mmを超える発生数は1990年から増加傾向にあり、集中豪雨の発生頻度が高まってきていることがわかる。近年では大型の台風による甚大な被害も発生しており、ハード、ソフトの両面から対策していく必要がある。

　第二に、避難情報や気象情報の充実及び発信力の強化である。資料4を見ると、台風や大雨の際に行政に望むものとして、情報の充実及び発信が主なものとして挙げられている。IoTやAIを活用し、都民の求める情報を発信していく必要がある。

　第三に、地域の防災力の向上である。資料2を見ると、地域での防災の要となる、特別区における消防団の団員数は減少傾向にあり、近年は充足率が9割を下回っている。自助・共助の取り組みを推進し、地域の防災力を向上する必要がある。

(2)

　東京に住む誰もが安全して暮らせる都市を実現するために、都は以下3点の取り組みを重点的に行う必要がある。

1　豪雨対策の強化

　都はこれまで、豪雨対策として河川や下水道施設の整備を進めてきた。しかし、近年、時間50mmを超える局地的な集中豪雨が多発している状況であり、豪雨対策を強化する必要がある。

　具体的な取り組みとして、局所的な集中豪雨での河川の氾濫や洪水を防止するために、河川の護岸整備、調節池と下水道幹線の接続等を推進する。その際、区部では時間75mm、多摩部では時間65mmの降雨まで対応を着実に推進していく。また、豪雨発生後の救助を確実に行えるようにするために、災害拠点病院及び災害拠点連携病院が行う自家発電設備の浸水対策に必要な防水及び移設工事に必要な経費を助成する。さらに、大規模地下街等に

おいて、地元区や施設管理者等と連携し、浸水対策計画に基づく情報伝達訓練等を実施することで、地下空間の豪雨に対する安全性の向上を図る。

　これらの取り組みにより、近年多発している集中豪雨による被害を軽減することが可能となる。

2　水害にかかわる情報内容の充実及び発信力の強化

　台風や集中豪雨の際には、降雨量などの気象情報や避難所の開設情報など、様々な情報が必要となるため、これまで以上に充実した内容の情報をより早く、伝達していく必要がある。

　具体的には、情報内容の充実を図るために、洪水予報システムを機能強化するとともに、氾濫危険情報を発信する洪水予報河川等の流域に拡大する。また、「東京アメッシュ」により、高性能レーダーによる精度の高い降雨情報をリアルタイムで提供する。さらに監視カメラにより河川状況をリアルタイムで動画配信する。情報発信力を強化するために、区市町村が気象情報等に応じ、避難情報を的確に発令できるよう、ガイドラインを策定する。また、都民からの問い合わせ対応や情報発信力の強化を図るために、LINEやチャットボットを活用する。

　これらの取り組みにより、水害の発生時に必要な情報を迅速に得られる社会を実現していく。

3　自助・共助の取り組みの推進

　東日本大震災や熊本地震を機に、自助・共助の取り組みの重要性が再認識された。しかし、消防団員数・充足率が低下している状況であり、自助・共助の取り組みを、再度推進していく必要がある。

　具体的には、自助の促進として、災害発生時に自宅での当面の生活を可能にするため、備蓄の日等を通じ、ランニングストック等による日常備蓄を促進する。また、風水害時に都民一人ひとりが適切な避難行動をとれるよう、「マイ・タイムライン」の作成セットの配布、ウェブ上で簡単に作成できるフォームの整備、防災館でのPRコーナーの設置など、普及拡大を推進する。共助の促進として、防災訓練未実施地域の解消及び新たな参加者の掘り起こしを図るため、地域イベントに合わせた訓練の実施やバーチャルリアリティー技術による災害の疑似体験など、参加意欲が高まるような訓練機会を提供する。また、消防団員確保のため、電車やホームページを活用した募集広報を推進することで、消防団への入団を促進する。

第**3**章

論文攻略法

231

これらの取り組みにより、地域防災力を向上させることで、災害による被害を最小限に抑えることが可能となる。

4　安全・安心なまち東京の実現

　豪雨対策の強化を進め、災害の情報充実・発信力を強化し、自助・共助の取り組みを推進していくことにより、安全・安心なまち東京の実現に寄与していく。

▌ 解説

　課題は「３つのシティ」のうち、「セーフシティ」の観点からの出題です。平成29年度から出題形式が変更されており、変更後は、「観光」「スポーツ振興」「高齢者の活躍推進」のテーマで出題されています。いずれも具体的な施策であり、抽象的・概念的な記述では題意を満たすことは難しい課題です。

　論述に当たり、大切なことは、各資料を的確に分析し、読み取れる課題をバランスよく抽出することです。そのうえで都が行うべき解決策を論理的に展開することが求められます。

　資料を分析し、課題を抽出するためには、日頃から都政の課題に対し、問題意識を持つことが重要です。都の今後の方針等を把握し、現実的な解決策を提示できるように準備しましょう。試験勉強の際には、課題と解決策の組み合わせを一覧表にしてまとめておくと良いでしょう。

　試験本番では、抽出した課題のバランスや、解決策の整理、論述順序などをチェックするために、レジュメを作成し、論文を書き始めましょう。これにより書き直しが減り、効率的に書き進めることができます。試験勉強の際にも、これらの項目を意識して対策を進めていきましょう。

▌ 講評

　（1）では、提示された資料から読み取れる内容を分析し、課題を抽出する必要があります。今回の論文例では、「豪雨対策の推進」「情報内容の充実、発信力強化」「自助・共助の推進」の３点を課題として抽出し、バランスよく論述しています。また、「資料○を見ると」という統一した言い回し

により、資料の分析が読み手に伝わりやすくなっています。さらに、各課題の段落の終わりに、どのような取り組みをしていく必要があるかを述べることで、(2) の論述に向けた方向性が示されている点もポイントになります。

　(2) では、各課題に対しての具体的な解決策を展開していきます。例えば、「局所的な集中豪雨での河川の氾濫や洪水を防止するために」など、目的を述べたうえで解決策を述べることにより、施策の意図や内容を理解していることが分かりやすくなります。単なる解決策の羅列にならないように、このような一文を加えることが大切です。

　1点目の豪雨対策では、(1) の課題で、ハード、ソフトの両面から対策を講じる必要性を述べているので、ハード対策とソフト対策を明確に分けたうえで論述していくと、より課題と解決策の結びつきが理解しやすくなります。

　2点目の情報に関する施策では、情報内容の充実と発信力強化について、それぞれの解決策が示されています。バランスよく論述されていますが、解決策が続いて論述されているため、施策の背景や目的を入れるとより説得力を持たせることができます。

　3点目の自助・共助の取り組みでは、(1) の課題で消防団に触れているので、共助の取り組みを先に持ってくるほうが良いでしょう。レジュメを作成した段階で、論述する順序を確認することが大切です。

　全体を通して、分かりやすい表現で論理的に論述できています。各段落や個別の解決策のつなぎ目として、「具体的には」「また」「さらに」など、同じ言葉を用いることで、論理展開も統一されていて、読み手にも伝わりやすくなっています。

第3章

論文攻略法

論文 3—【都政もの】

　今日の都政には、急速に進む人口減少や超高齢化に対応するため、誰もがいきいきと輝ける社会の創造に向けた施策を着実に実施していくことが求められています。こうした中、すべての労働者が意欲と能力を十分発揮できるよう、生活と仕事の調和を実現するためには、都民一人ひとりの働き方を見直すことが必要です。このような状況を踏まえ、働き

資料1　日本の労働生産性1

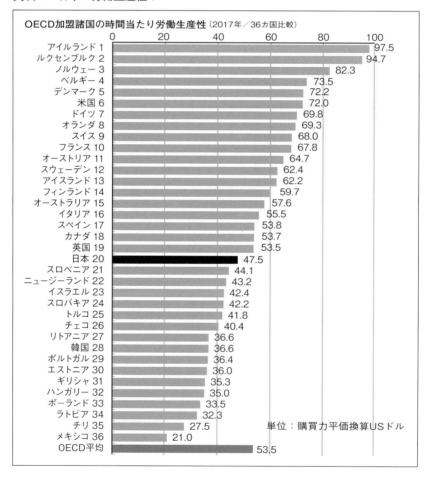

OECD加盟諸国の時間当たり労働生産性（2017年／36カ国比較）

アイルランド 1	97.5
ルクセンブルク 2	94.7
ノルウェー 3	82.3
ベルギー 4	73.5
デンマーク 5	72.2
米国 6	72.0
ドイツ 7	69.8
オランダ 8	69.3
スイス 9	68.0
フランス 10	67.8
オーストリア 11	64.7
スウェーデン 12	62.4
アイスランド 13	62.2
フィンランド 14	59.7
オーストラリア 15	57.6
イタリア 16	55.5
スペイン 17	53.8
カナダ 18	53.7
英国 19	53.5
日本 20	47.5
スロベニア 21	44.1
ニュージーランド 22	43.2
イスラエル 23	42.4
スロバキア 24	42.2
トルコ 25	41.8
チェコ 26	40.4
リトアニア 27	36.6
韓国 28	36.6
ポルトガル 29	36.4
エストニア 30	36.0
ギリシャ 31	35.3
ハンガリー 32	35.0
ポーランド 33	33.5
ラトビア 34	32.3
チリ 35	27.5
メキシコ 36	21.0
OECD平均	53.5

単位：購買力平価換算USドル

方改革を推進するために、どのような取り組みを行うべきか、次の
(1)、(2) に分けて述べてください。

(1) 働き方改革の推進における課題は何か、資料を分析して課題を抽出
し、簡潔に述べてください。なお、資料4点のうち、2点以上に触れ
ること。 　　　　　　　　　　　　　　　　　　（300字以上500字程度）

(2) (1) で述べた課題に対して、都は具体的にどのような取り組みを行
っていくべきか、その理由とともに述べてくだい。

　　　　　　　　　　　　　　　　　　　　　　（1200字以上1500字程度）

資料1　日本の労働生産性2

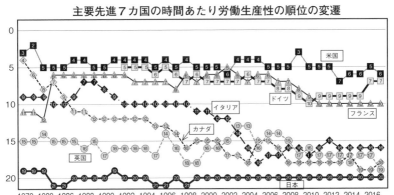

(資料)OECDデータベースをもとに日本生産性本部作成
※現在のOECD加盟国は2018年7月のリトアニアの加盟で36カ国になったことから、各種比較も36カ国を対象としている。
　OECD加盟国のデータは、GDP改訂などに伴い、過去にさかのぼって随時改訂されている。そのため、日本および各国
　の過去の生産性水準・順位も昨年度版報告書とは異なっている

資料２　年齢階級別で見た女性の労働力率の推移（東京都）

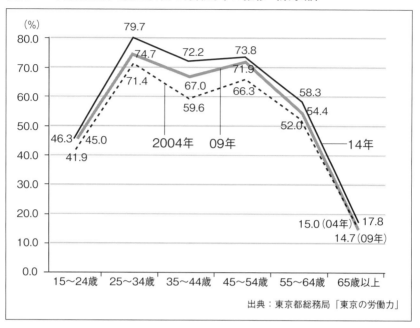

出典：東京都総務局「東京の労働力」

資料３　60歳以上無業者の内訳

（万人）

		無業者（2012年）						
		就職希望の無業者	就業を希望しない無業者					
			非就業希望理由別					
			家事のため	通学等のため	仕事をする自信がないため	その他	特に理由はない	病気・高齢のため
60～64歳	365	61	46	10	15	41	81	109
65歳以上	2,344	154	53	27	26	71	153	1,859
60歳以上	2,709	216	100	37	41	113	235	1,968

563万人

※総務省「就業構造基本調査」により作成
※就業を希望しない無業者のうち、「家事のため」には、「出産・育児のため」「介護・看護のため」を含む。また、「通学等のため」には、「通学のため」「学校以外で進学や資格取得などの勉強をしている」「ボランティア活動に従事している」を含む

出典：内閣府「日本経済2015－2016」

資料4 家計主の通勤時間別家計主が雇用者である普通世帯数

（3大都市圏、都道府県）

都 道 府 県	総 数 1)	自宅・住み込み 実数 (1000世帯)	割合 (%)	30分末満 実数 (1000世帯)	割合 (%)	30分～1時間 実数 (1000世帯)	割合 (%)	1時間以上 実数 (1000世帯)	割合 (%)	中位数 (分)
全　　　　国	23,416	368	1.6	12,265	52.4	7,002	29.9	3,435	14.7	27.6
関 東 大 都 市 圏	6,772	103	1.5	2,136	31.5	2,410	35.6	1,962	29.0	44.9
中 京 大 都 市 圏	1,799	24	1.4	956	53.1	597	33.2	194	10.8	27.5
近 畿 大 都 市 圏	3,424	50	1.5	1,434	41.9	1,241	36.3	647	18.9	35.0
北　海　道	1,094	21	1.9	766	70.1	247	22.6	44	4.1	20.2
青　森　県	243	4	1.7	180	74.1	46	19.1	10	4.0	20.2
岩　手　県	247	5	1.9	181	73.0	48	19.5	12	4.9	20.0
宮　城　県	455	8	1.8	253	55.5	153	33.6	36	8.0	26.5
秋　田　県	185	3	1.7	141	76.1	33	17.8	7	3.8	19.4
山　形　県	194	3	1.7	148	76.2	34	17.6	7	3.7	19.5
福　島　県	341	6	1.8	243	71.3	71	20.9	18	5.2	21.2
茨　城　県	539	7	1.3	314	58.2	142	26.3	71	13.2	25.6
栃　木　県	371	6	1.7	233	62.8	97	26.2	31	8.4	23.7
群　馬　県	372	6	1.5	242	65.2	94	25.2	27	7.3	23.1
埼　玉　県	1,404	20	1.4	505	36.0	406	28.9	450	32.1	43.7
千　葉　県	1,178	15	1.3	389	33.0	372	31.6	378	32.1	45.7
東　京　都	2,250	43	1.9	642	28.5	969	43.1	517	23.0	43.8
神 奈 川 県	1,713	22	1.3	489	28.5	608	35.5	562	32.8	48.0
新　潟　県	429	7	1.7	313	73.0	90	20.9	15	3.5	20.3
富　山　県	199	3	1.4	138	69.1	50	25.1	7	3.7	22.2
石　川　県	219	3	1.5	156	71.3	49	22.6	9	3.9	21.5
福　井　県	140	2	1.6	102	72.5	30	21.4	5	3.4	20.0
山　梨　県	156	3	1.9	106	67.9	36	23.3	10	6.1	21.9
長　野　県	402	7	1.6	284	70.7	90	22.5	19	4.6	20.9
岐　阜　県	384	6	1.6	240	62.5	93	24.2	41	10.8	23.5
静　岡　県	717	11	1.5	480	67.0	174	24.3	45	6.3	22.6
愛　知　県	1,476	21	1.4	769	52.1	511	34.6	151	10.2	28.0
三　重　県	339	5	1.4	211	62.2	85	25.0	33	9.8	23.9
滋　賀　県	264	3	1.3	148	56.0	70	26.4	40	15.3	26.2
京　都　府	432	9	2.0	216	49.9	132	30.6	68	15.8	28.6
大　阪　府	1,533	23	1.5	614	40.1	596	38.9	274	17.9	36.1
兵　庫　県	1,047	14	1.4	444	42.4	379	36.2	195	18.6	34.7
奈　良　県	235	3	1.4	88	37.3	76	32.1	67	28.5	41.0
和 歌 山 県	162	3	1.7	106	65.2	37	23.1	16	9.7	22.7
鳥　取　県	96	2	1.8	75	78.3	15	16.0	3	3.1	18.2
島　根　県	126	2	1.8	96	76.2	22	17.6	4	3.4	18.3
岡　山　県	333	5	1.6	210	63.1	95	28.6	19	5.8	23.9
広　島　県	547	9	1.6	322	58.9	170	31.0	39	7.1	25.2
山　口　県	270	4	1.6	195	72.4	56	20.8	12	4.4	20.4
徳　島　県	124	2	1.9	83	66.9	33	26.2	6	4.6	22.3
香　川　県	176	3	1.6	122	69.6	41	23.5	8	4.4	21.6
愛　媛　県	251	4	1.7	195	77.6	41	16.3	9	3.5	18.8
高　知　県	129	2	1.8	95	73.4	26	20.5	5	3.7	19.8
福　岡　県	949	13	1.4	528	55.7	308	32.5	86	9.1	26.5
佐　賀　県	145	2	1.6	102	70.5	30	20.9	9	6.3	20.8
長　崎　県	249	5	2.1	164	65.9	64	25.8	14	5.5	22.1
熊　本　県	315	6	1.7	218	69.2	74	23.6	15	4.8	21.2
大　分　県	211	3	1.9	151	71.5	47	22.2	9	4.3	20.5
宮　崎　県	206	4	1.9	163	79.2	29	14.3	9	4.1	17.7
鹿 児 島 県	320	5	1.6	237	74.0	64	20.0	13	4.0	18.9
沖　縄　県	254	3	1.2	171	67.5	67	26.5	10	4.0	22.4

1）家計主の通勤時間「不詳」を含む。

出典：平成25年住宅・土地統計調査

第3章 論文攻略法

　働き方改革の推進における課題として、以下３点が挙げられる。

　第一に、長時間労働の是正である。資料１から日本の労働生産性は、主要先進７カ国の中で、約半世紀にわたり最低であり、OECD加盟諸国の平均を下回っている。生産性向上のためには、長時間労働に支えられる経済体制を変革することが必要である。

　第二に、女性の就業環境の改善である。資料２から、35歳から44歳までの子育て世代の女性の労働力率、いわゆるＭ字カーブは、過去10年で改善傾向にあるが、いまだ低い水準で、子育て世代で働く意欲のある女性が就業しやすい環境の整備が必要である。

　第三に、就業可能だが就業していない高齢者の存在である。資料３から、60歳以上の無業者約2700万人のうち、約２割は就業可能である。超高齢社会が到来し、生産年齢人口が減少する中、潜在的な労働力である高齢者の就業支援の充実が必要である。

　（1）で挙げた課題に対して、都は以下のとおり取り組むべきである。

1　長時間労働の是正

　多くの日本企業では、長時間労働が評価されやすい労働慣行がいまだ変えられていないことが考えられる。長時間労働を減らし生産性を向上するためには、企業内の制度や雇用者・労働者双方の意識の変革が必要である。

　そこで都は、制度面、運用面の両面から企業の働き方改革を推進する。具体的には、超過勤務の削減や年次有給休暇の取得を促進する制度を導入した企業に奨励金を支給し、企業の取り組みを促進する。また、業務の棚卸しなどを行う企業に専門家を派遣し、業務の無駄を減らし、業務効率を改善する。さらに、ライフ・ワーク・バランスの意義を普及啓発する冊子を作成し、企業・都民に配布することで、働き方の意識改革を促す。

　これらの取り組みにより、労働生産性を向上させ、全ての労働者の生活と仕事の調和を実現する。

2　女性が働きやすい環境の整備

　女性の労働力率がＭ字カーブを描く原因として、育児期の女性の柔軟な働

き方が可能になる社内制度が不十分であり、また、復職を希望するが、待機児童を抱えているため就職活動ができない女性がいることが考えられる。

そこで都は、女性が働きやすい環境の整備に取り組む。具体的には、テレワーク等の制度を整備する企業に経費助成を行い、職場以外でも働ける環境を整備する。また、都有施設や空き家等を活用した託児所等を整備し、子どもを預けられるようにする。さらに、子育てを理由に離職した女性等に向け、インターネットを通じた職業訓練プログラムを提供し、再就職を促す。

これらの取り組みにより、働く意欲と能力のある女性が、仕事と家庭を両立し、生き生きと働けるようにする。

3　高齢者のニーズに合わせた働き方の提供

年金の受給開始年齢が65歳に上がり、定年を引き上げる企業が出る中、就業を希望する高齢者は増加しているが、全ての高齢者が希望する仕事に就けているわけではない。

そこで都は、高齢者のニーズに合わせた働き方の選択肢を提供する。具体的には、ハローワークと連携した合同説明会などを開催し、セカンドキャリア獲得を支援する。また、求職者を対象とした中小企業とのマッチングや職場体験を実施し、高齢者の就業のミスマッチを減らす。さらに、異業種転職を希望する高齢者に向け、新たな職種で必要な能力を学べる講座を提供し、転職を後押しする。

これらの取り組みにより、高齢者が自分の希望に合った働き方が可能となる。

4　誰もが輝ける社会の創造に向けて

働き方改革は、都民一人ひとりが自分に合った働き方の選択を可能にし、充実した人生を送るために重要である。そのために都は上述の取り組みを不断に実行していくべきである。

解説

平成29年度の出題形式変更以降、テーマは「観光」「スポーツ振興」「高齢者の活躍推進」と続いており、それまでの総論的な内容から、やや焦点を

絞った出題傾向が見られます。

　出題は、近年、取り組みが注目される「働き方改革」に関するテーマです。論述で大切な点は、資料から読み取れる課題を的確に抽出することです。また、論旨に一貫性を持たせるため、(1) で指摘する課題と (2) で述べる解決策との整合性を図る必要があり、(2) で記述する内容を想定しながら (1) で課題を論じることが重要です。

　試験本番で、解決策を一から考える時間はありません。都政ものを選択する場合は、対策として、都の行政課題や取り組みに関する情報を収集しておくことが不可欠です。そこで基本となるのが、主要な行政計画です。都が注力すべき現実的な解決策を提示できるようにしましょう。

　試験本番では、論文作成前に必ずレジュメを作成してください。その際、先に述べた課題と解決策の対応関係や各トピックスで記述する分量が適切か、解決策が特定分野に偏っていないかなどをチェックすることが重要です。これにより、書き直しが減り、効率的に書き進めることができます。また、レジュメ作成及び (1) と (2) に要する時間配分を設定するとともに、手書きに慣れておくことも必要です。試験本番で、どのような問題が出題されても落ち着いて論述できるよう、しっかりと準備しておきましょう。

講評

【評価点】論文例では、各資料から課題をバランスよく抽出したうえで、解決策が具体的に示されています。また、各トピックスにおける記述の分量や掘り下げ方についても偏りや過不足がなく、減点要素の少ない論文と言えます。加えて、社会情勢や都の施策方針に沿って現実的に取り組める解決策を提示しており、この点でも好評価が期待できます。

　さらに、「具体的には」「また」「さらに」という一定のリズムで取り組みを提示し、論理展開を統一することで読みやすさを生み出しています。採点者は多くの論文を短期間で通読することになりますので、このような読む側を意識した論述は大変重要です。

【改善点】三つ目の課題に対する取り組みとして、合同説明会などのセミナー、中小企業とのマッチングや職場体験、講座の実施を述べています。全体的に、高齢者就業支援に係る「場の提供」に偏りが見られますので、別の視

点として、高齢者就業に係る優良な取り組みを実施する企業の表彰や、都のHPにおける事例紹介などの取り組みはいかがでしょうか。論文作成前に用意するレジュメを活用して、一つのトピックスの中で取り組みに重複が生じないようにすることが望ましいでしょう。

　また、4の決意表明では、都民一人ひとりの柔軟な働き方や充実した人生の実現に向けて施策を実施していくべきというまとめ方をしています。ここでは、「都の更なる活力創出に向けて」などの表現も記載し、主任として、都政に関する大局的な視野を有していることをアピールするとなお良いでしょう。

　最後に、今回の出題テーマに限りませんが、全体のまとめ方として、記載する課題や解決策が、出題テーマ（「○○の推進」など）に資する視点で論じられているかどうかを常に意識してください。課題及び解決策は個々のパーツで準備することが多いため見落としがちですが、本番では出題テーマの実現に向けて、(1) の課題を (2) の取り組みによって解決できるという論述で貫くことが重要です。

【試験までの心構え】日々の職務・家庭生活と試験準備の両立は大変だと思いますが、現状から課題を抽出し、解決に向けた具体的な取り組みを論じる技術は今後の仕事にも必ず役立ちます。特に、「都政もの」の試験対策で身に付く力は都政人として大変有用なものです。主任昇任後に他の合格者を一歩リードすることも見据えて、前向きな気持ちを持って準備を進め、合格をつかみ取ってください。

第3章

論文攻略法

2 論文1—【職場もの】

次の事例と資料を分析し、(1)(2)に分けて述べてください。

　A局のB事業所の業務課は、都内の中小企業の労働環境整備のための補助金申請受付・審査業務を行っている。今年度はあなたの他に、担当3年目のC課長代理、新規採用のD主事が同業務の担当となっている。

　昨今は中小企業のIT化を促進するためのIT推進補助金の申請受付・審査業務が主なものであったが、新型コロナウイルス感染症対策としてテレワークに取り組む中小企業を支援するため、本年4月から新たにテレワーク導入補助金が新設されることになった。あなたはその申請受付・審査を、D主事はIT推進補助金の申請受付・審査を担当することになった。

資料1　B事業所の組織図

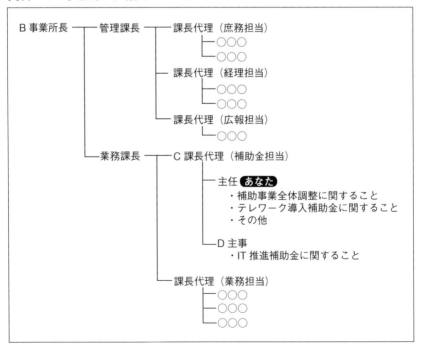

B事業所長 ── 管理課長 ── 課長代理（庶務担当）
　　　　　　　　　　　　├─○○○
　　　　　　　　　　　　└─○○○
　　　　　　　　├─ 課長代理（経理担当）
　　　　　　　　　　　　├─○○○
　　　　　　　　　　　　└─○○○
　　　　　　　　└─ 課長代理（広報担当）
　　　　　　　　　　　　└─○○○
　　　　├─ 業務課長 ── C課長代理（補助金担当）
　　　　　　　　　　├─ 主任 **あなた**
　　　　　　　　　　　　・補助事業全体調整に関すること
　　　　　　　　　　　　・テレワーク導入補助金に関すること
　　　　　　　　　　　　・その他
　　　　　　　　　　└─ D主事
　　　　　　　　　　　　・IT推進補助金に関すること
　　　　　　　　└─ 課長代理（業務担当）
　　　　　　　　　　　　├─○○○
　　　　　　　　　　　　├─○○○
　　　　　　　　　　　　└─○○○

242

　4月に入り、同事業所の管理課広報担当が本庁と調整の上、資料2の通り、プレス発表を行ったところ、補助金申請を考える中小企業からの問い合わせが殺到することになった。C課長代理からは「問い合わせには丁寧に対応すること」「補助金交付要綱を参考にしながら、分かりやすく適切な説明をすること」との指示を受けた。問い合わせの多くは補助金の対象となる経費に関するものであったことから、それぞれ担当する補助金について、問い合わせに順次回答していたが、資料4の通り、徐々に回答の遅れが生じていた。

　5月第1週の金曜日、E企業からは電話で、「D主事にIT推進補助金の対象外と言われた経費が、調べたところテレワーク導入補助金の対象経費であることが分かった。同じ組織なのに問い合わせ時に案内しないのは不親切ではないか」との意見が寄せられた。また別の企業からは、「問い合わせに対する回答が不明瞭」「時間がかかりすぎる」との意見が寄せられた。

　その翌日、D主事から「連日の超過勤務による過労で気分が優れない」「企業からの問い合わせに適切に対応できるか自信が持てない」

資料2　プレス発表資料

令和2年4月3日
〇〇〇局

新型コロナウイルス感染症対策としてテレワークを導入する中小企業を応援します
〜6月1日から補助金申請の受付が始まります〜

東京都は、新型コロナウイルス感染症対策としてテレワーク・在宅勤務を新規で導入する中小企業を支援するため、導入費用の一部を新たに助成することとしましたのでお知らせします。

1　補助金の名称
　　テレワーク導入補助金

2　補助対象経費
　　在宅勤務を行うための通信機器やクラウドサービス等が対象となります。
　　詳細は担当までお問い合わせください。

3　補助金申請受付期間
　　令和2年6月1日（月）から令和2年6月30日（火）

4　担当
　　A局B事業所業務課補助金担当　（TEL〇〇〇〇－〇〇〇〇）

第**3**章

論文攻略法

との理由で、年次有給休暇の当日申請が出された。業務課長から「6月の補助金申請受付開始に向けて、処理が滞っている案件は速やかに企業に回答すること。また事業所内で調整が必要なことがあれば提案してほしい」との指示がC課長代理とあなたにあった。

(1) 設問の職場において、業務を効率的かつ円滑に進めていく上での課題について、簡潔に述べてください。　　　　　（300字以上500字程度）

(2) (1)で述べた課題に対して、今後、あなたはどのように課題解決に向けて取り組んでいくべきか、主任に期待される役割を踏まえて、具体的に述べてください。　　　　　　　　（1200字以上1500字程度）

資料3　各種補助金

	ＩＴ推進補助金	テレワーク導入補助金
助成対象経費	ソフトウェア、クラウド利用費、専門家経費、PC・タブレット等のレンタル費用等 ※ PC・タブレット等の購入費用は対象外	在宅勤務を行うための通信機器、クラウドサービス利用費、PC、タブレット、スマートフォンの購入費用
補助金の上限	200万円	150万円
申請期限	毎年6月1日から8月31日まで	令和2年6月1日から令和2年6月30日まで
必要書類	○○○ ○○○ ○○○	○○○ ○○○ ○○○

資料4　B事業所業務課補助金担当への問い合わせ及び回答件数（4月累計）

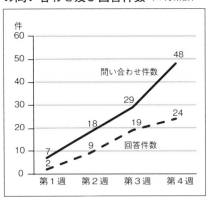

資料5　B事業所業務課の超過勤務の状況（4月・1人あたり）

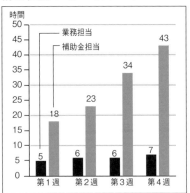

論文例１

（1）

　設問の職場において、業務を効率的かつ円滑に進めていく上での課題は、以下の３点である。

　１点目は、進捗管理ができていない点である。設問の職場では、企業から問い合わせの対応に時間がかかりすぎるとの意見が寄せられている。また、資料４の通り、未処理の問い合わせは増加を続けている。これは、問い合わせ案件の管理ができていないためである。このままでは、効率的に問い合わせを処理できず、補助金の交付に支障をきたす。

　２点目は、広報が不十分な点である。資料２の通り、テレワーク導入補助金についてプレス発表が行われたが、補助の対象経費を詳しく知るには問い合わせが必要であるため、業務課への問い合わせが殺到した。これは企業の求める情報を広報できていないためである。このままでは、問い合わせが増加し続け、その対応で業務を圧迫する。

　３点目は、職員が業務に習熟していない点である。設問の職場では、問い合わせの回答が不明瞭との意見が寄せられ、Ｄ主事は企業対応が適切に行えるか不安を感じている。これは、職員が正確な業務知識を習得できていないためである。このままでは、誤った案内により申請内容の不備を防ぐことができず、円滑に審査を行えなくなる。

（2）

　　（1）で述べた課題を解決するため、私は主任として以下の取り組みを行う。

1　問い合わせの進捗管理

　問い合わせ件数が増加するなかで、遅滞なく回答を行うためには、優先順位を明確化し効率的に処理する必要がある。

　そこで私は、問い合わせを一元管理するための問い合わせ管理表を作成する。問い合わせ管理表には受付日、内容、回答、回答日を記載し、随時更新する。Ｄ主事には様式を提供し、同様に作成を依頼する。問い合わせを一覧化することで、処理が遅れているものや対応に時間を要するものが確認でき、それらに優先的に対応できる。また、類似の内容をまとめて確認するこ

とができ、回答までのプロセスを効率化できる。なお、問い合わせ管理表は
共有フォルダに格納し、対応状況を補助金担当内で確認できるようにする。

　私は主任として、問い合わせ管理表を活用して補助金担当全体の進捗状況
を確認する。遅れ等の問題が生じた場合は、原因を分析して解決を図り、状
況に応じC課長代理に改善案を提示する。

　以上の取り組みによって、企業からの問い合わせを遅滞なく処理し、今後
開始する補助金の申請にも円滑に対応できる。

2　広報の充実

　6月の補助金の申請受付開始に向けて問い合わせ件数が増加する中、設問
の職場では適切な内容を発信し、企業の疑問を未然に解消する必要がある。

　そこで、補助金の内容をより詳細に広報することを、C課長代理及び業務
課長に提案する。内容は、企業からの問い合わせが多い助成対象の経費を中
心とする。テレワーク導入補助金とIT推進補助金との対比表を作成し、違
いを明確化することで、企業の理解を促進する。また、1で述べた問い合わ
せ管理表をもとに、よくある質問とその回答を抽出して簡潔に表にする。

　私は、補助金担当として掲載案を作成し、C課長代理及び業務課長の確認
を受ける。その上で、所の広報担当を通じて本庁へ局HPへの掲載を依頼す
る。

　以上の取り組みによって、企業が求める内容が周知され、問い合わせ件数
が減少することで、業務を円滑に進めることができる。同時に、企業が補助
金の申請をスムーズに行えるようになり、都民の利便性が向上する。

3　業務知識の習熟

　問い合わせへ明瞭かつ適切に回答するためには、担当職員が補助金交付要
綱への理解を深める必要がある。

　そこで私は、補助金交付要綱を補足する業務マニュアルの作成を提案す
る。D主事にも協力を依頼し、2種類の補助金にそれぞれ対応するものを作
成する。内容は、問い合わせ内容をもとに実務上必要な項目を洗い出して記
載し、企業が間違いやすい項目を併記する。要綱と合わせて参照すること
で、業務に必要な知識を網羅でき、より正確な案内を行うことができる。完
成したマニュアルは、C課長代理の確認の上、共有フォルダに格納して必要

に応じて情報を更新できるようにする。

　私は、マニュアルをD主事に確認させ、内容の定着を図ることで、D主事が適切に企業に案内できるようにする。また、IT推進補助金のマニュアルを確認しておくことで、D主事の業務を随時フォローできるようにする。

　以上の取り組みによって、職員が正確な業務知識を習得し、企業への案内を適切に行えるようになる。その結果、企業が正確な申請をでき、業務を円滑に進められる。

解説

　職場に関する出題では、事例職場における課題を的確に抽出できているか、その課題について具体的かつ効果的な解決策が論じられているか、などの観点から評価されます。

　(1) では、事例職場で起きている具体的な問題を取り上げ、それを生じさせている背景を分析して課題を3点設定します。どの職場でも言えるような内容ではなく、事例職場特有の状況を捉えましょう。例えば、この事例では「新たな補助金の発表後に中小企業からの問い合わせが殺到したのはなぜか」などです。また、3つの課題が似たものにならないようバランスの良い組み合わせにしましょう。

　(2) では、(1) で掲げた課題に対して、具体的かつ効果的な解決策を述べていきます。主任として周囲の職員と協力しながら実施できる解決策であることが望まれます。また、事例職場は繁忙化しているケースが多いため、散発的にあれもこれもやる、とすると現実味のない論述になってしまいます。解決策を実行する労力や障害もイメージしながら、まとまりのある現実的な解決策を示しましょう。

講評

　(1) では、進捗管理、広報、職員の習熟を課題として挙げています。バランスの良い組み合わせですが、広報、進捗管理、職員の習熟の順番にした方が、観点が大→小へと自然な流れになります。また、それぞれの項目名が言葉足らずに感じます。例えば、「進捗管理」は「問い合わせ案件の進捗管

理」などとした方が、対象範囲をよりシャープに示すことができます。

　2点目の広報に関する記述では、問い合わせの増加の背景をうまく指摘できています。

　3点目では、回答が不明瞭との意見が寄せられたことと、D主事が不安に感じていることが一文に収まっていますが、直接の因果関係ではないため切り分けた方が良いでしょう。

　（2）の1では、問い合わせ管理表に関するD主事への様式提供の記述から、担当ごとにそれぞれ作成するように読めますが、共通化・一元化して管理し、課内の誰もが確認できるようにすると良いでしょう。2では、（1）の課題設定を受けてうまく解決策につなげています。3では、補助金交付要綱への理解を深める必要を指摘していますが、業務に必要な知識は要綱だけにとどまりませんので、その点も併せて指摘しましょう。一般的に要綱などは硬い表現で記述されていて、日常的に参照するには難しいことが多いものです。解決策として作成するマニュアルは、新人にも理解しやすいよう要綱の内容をかみ砕いて記述するとともに、実務ノウハウを盛り込む必要があります。

　分かりやすい文章を記述するためのポイントを二つ紹介します。一つは、一文をなるべく短く言い切ることです。飾る言葉が多過ぎると要点がぼやけて見えにくくなります。目安は一文60字程度です。もう一つは、読者を意識することです。相手の頭の中でどう理解されていくかをイメージしながら論述しましょう。

論文 2 ―【職場もの】

下記の事例と資料を分析し、次の（1）、（2）に分けて述べてください。

A局のB事業所では、都有施設の貸し出し・管理に関する業務を行っている。

あなたは、本年4月に事業所の各種管理業務を行う管理課庶務担当に配属され、人事、文書、広報等の事務を担当することとなった。庶務担当には、管理業務を統括するベテランのD課長代理、担当2年目のE主事及び採用3年目であなたと同じく本年4月に異動してきたF主事がおり、あなたはF主事の担当業務の副担当者となっている。

今年度は感染症の流行による影響で都有施設の貸し出しを一時中止するなど、例年にない動きが多く、庶務担当でも本庁や所内業務課との調整等が発生している。こうした突発的な業務に関しては、あなたとD課長代理とで分担して対応しているが、通常業務が多忙なタイミングと重なるときもあり、そのような場合は業務をさばくことで手い

資料1　B事業所の組織図

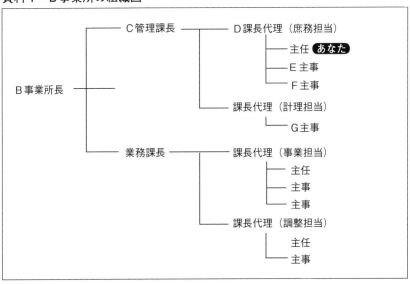

っぱいであり、Ｆ主事の担当業務のフォローに時間を割くことができていない。

こうした状況の中、Ｆ主事は都民からの施設利用申請に係る書類を紛失してしまった。その際、Ｃ管理課長及びＤ課長代理が文書の取り扱いについて厳重に指導したものの、Ｆ主事はその後も都民からの問い合わせ電話への回答を失念して苦情につながるなど、事務処理上のミスが目立つ。

年度途中、感染症対策の応援のため主事が年度末までＳ局の業務に従事することとなり、今後は、庶務担当の業務をＤ課長代理、Ｆ主事、及びあなたの３人で対応することとなった。これに際し、Ｃ管理課長からは「職員数が少ない中ではあるが、これまで通り遅滞なく業務を進めるように。また、Ｆ主事が事務処理上のミスを繰り返さないよう、しっかりと対策を講じること」との指示があった。

感染症の流行は続いており、突発的な業務がいつ発生するか分からない。また、年度末に向けて、あなたが担当する人事関係業務は繁忙期を迎える。

なお、今後の感染症の拡大状況によっては、Ｓ局への更なる応援職員の派遣もあり得る旨の通知が来ている。

(1) 設問の職場において、業務を円滑かつ適切に進める上での課題に

資料２　昨年度のＢ事業所における一人当たりの平均超過勤務時間（担当別）
（単位：時間）

	4月	5月	6月	7月	8月	9月	10月	11月	12月	1月	2月	3月	計
庶務担当	50	35	20	20	20	25	25	20	20	30	40	50	355
計理担当	50	50	10	10	20	25	10	10	10	10	20	30	255
事業担当	15	15	15	15	15	15	15	15	15	15	15	15	180
調整担当	15	15	15	15	15	15	15	15	15	15	15	15	180

資料３　昨年度のＢ事業所における一人当たりの平均年休取得日数（担当別）
（単位：日）

	4月	5月	6月	7月	8月	9月	10月	11月	12月	1月	2月	3月	計
庶務担当	0.5	1.2	2	2	1	1.1	2.1	2.5	2.2	1.5	0.5	0.3	16.9
計理担当	0.4	0.3	2.5	2.4	1	1.2	2.7	3.1	2.8	2	0.9	0.4	19.7
事業担当	2	2	1.8	1.8	1	1	2.4	2	2.1	1.3	1.4	1.2	20
調整担当	2	1.8	1.8	1.9	1	1	2.4	2	1.8	1.4	1.3	1.3	19.7

ついて、簡潔に述べてください。　　　　　　（300字以上500字程度）

(2)（1）で述べた課題に対して、今後、あなたはどのように課題解決に向けて取り組んでいくべきか、主任に期待される役割を踏まえて、具体的に述べてください。　　　　　　（1200字以上1500字程度）

※本事例の職場においては、テレワークやリモート会議に対応した端末が配備されており、本庁からの通知で、これらを活用することを推奨されている。

資料4　職場における状況

○F主事は前任者からの引き継ぎを受けられていない業務があり、処理の進め方が分からないため、憶測で対応していることがある。

○F主事は業務が立て込むと混乱してしまう側面があり、何から着手すればいいか分からず、業務が停滞するなど、優先順位を付けて進めることが苦手な様子である。

○今年度は感染症対策の観点から、例年であれば半月ごとに実施している、課の職員が集まって打ち合わせをする定例会議が実施できておらず、課内各担当の業務状況や課題などの共有ができないため、他の担当からの業務情報が入りづらい。

○E主事はS局への業務応援に従事する期間中、都民対応等で多忙になることから、B事業所から電話で連絡を取ることは、基本的にできないと言われている。

○B事業所においては、感染症の流行のような非常事態の発生を想定した業務の進め方や人員体制等についての計画が策定されていない。

資料5　庶務担当の事務負担

	担当業務	備　考
D課長代理	・庶務業務統括 ・議会対応 ・所内連絡調整 ・その他B事業所の庶務に関すること	・庶務担当4年目のベテラン
主任 あなた	・人事　・文書　・広報広聴	・本年4月に他部署から異動
E主事	・表彰及び栄転　・施設管理　・防災	・庶務担当2年目 ・年度末までS局の応援のため不在
F主事	・各種調査対応　・安全衛生　・研修	・本年4月に他部署から異動

論文例2

(1)

　設問の職場において、業務を円滑に進めていく上での課題は以下の3点である。

　第一に、F主事への支援である。本事例では、F主事の業務上のミスが目立ち、重要文書の紛失や都民からの苦情にもつながっている。これは組織としてF主事のフォローができていないことが要因である。E主事が応援業務で不在になり、一人あたりの業務量が増える中、このままではF主事のミスも増加し、重大な事故につながる可能性がある。

　第二に、課内の情報共有の在り方である。資料4によると、課内での定例会議が開催できず、各担当の業務状況や課題などの共有ができていない。これは、感染症対策のため、職員が一堂に会せないことが理由であり致し方ないことだが、このままでは担当をまたいだ業務上の連携ができず、円滑な業務運営を阻んでしまう。

　第三に、感染症拡大を想定した準備である。資料4によると、B事業所では感染症拡大のような非常事態が発生した際の行動計画等が策定されていない。このままでは、今後更に感染症が拡大し、S局への派遣が増員された際などに、所内業務が適切に回らなくなってしまう可能性がある。

(2)

前述の課題の解決に向けて、私は主任として以下のように取り組んでいく。

1　業務日報による確認及びフォロー

　ミスの多いF主事の業務を着実に支援していくためには、業務をF主事に任せきりにせず、日頃から周囲の職員の目で進捗等の確認を入れることが必要である。

　そこで私は、上司であるD課長代理に、F主事による業務日報の作成を提案する。具体的には、F主事には毎日、担当している業務の進捗や抱えている懸案事項や不明点などを記入させ、私、D課長代理の順で内容を確認し、必要に応じでフォローを入れることとする。

　特に私は主任として、第一確認者となり、D課長代理に相談するまでもなくフォローできる事項は直ちに対応し、D課長代理に必要以上の手間を取ら

せることなく、未然に事故等を防止する。

　こうした取り組みにより、Ｆ主事が一人で業務を進めることで発生していたミスの発生を防ぐことができ、円滑かつ適切に業務を遂行できるようになる。

2　リモート形式での定例会議の実施

　感染症が流行している状況下においても、課内での連携を行うためには、従前の集合形式とは異なる方法で定例会議を実施することが必要である。

　そこで私は、全職員に配備されている端末を用いたリモート形式での定例会議の実施を、上司であるＤ課長代理及びＣ課長に提案する。

　特に私は主任として、本庁を含む他部署でのリモート会議の実施例を情報収集し、分析することで管理課の実態に即した開催方法を確立する。また、これまでにない開催方法を実施していくにあたり、ソフトや周辺機器の使用方法についてのマニュアルを作成して、トラブルなくリモート形式で開催できるようにする。

　こうした取り組みにより、今年度開催できていなかった課内の定例会議を再開し、必要な情報共有や、業務上の適切な連携のきっかけを作ることができるようになり、例年になく突発的な業務が多い状況下においても円滑かつ適切な業務を行うことができるようになる。

3　プロジェクトチームによる業務分担の作成

　今後さらに感染症が拡大し、Ｓ局への派遣の増員等で所内の在籍職員が少なくなってしまった場合においても確実に所の業務を遂行していくためには、担当や課の垣根を超えた業務の分担を策定しておくことが必要である。特に、Ｓ局からの応援職員の派遣要請はいつ来るか分からないため、時期に応じた業務分担の想定をしておくことが必須である。

　そこで私は、所内各部署の職員で業務分担表作成プロジェクトチームを結成し、具体的な策定を行うことを所長までの各上司に提案する。

　特に私は所の人事事務を担当する主任として、超過勤務や年休の取得状況などを参照して各部署の月ごとの繁閑を分析する。また、プロジェクトチームのメンバーに対し、月ごとの業務の優先順位付けを依頼する。このようにして、どの部署から職員を応援業務に派遣するかの想定を月ごとに策定する

とともに、残った職員は誰が何を優先的に分担するかを決める。

　こうした取り組みにより、Ｓ局からの更なる応援要請があった場合も、それがいつであっても慌てることもなく適切な職員を応援業務に派遣できる。また所に残った職員も想定していた通りに業務を分担して対応できるため、所の業務を遅滞なく円滑に遂行していくことができる。

解説

　主任級職員には、自らの視点で課題を抽出、分析し、解決策を検討する問題意識や問題解決力、さらに、論理的な論述や、分かりやすく伝える表現力が求められます。これらを論文試験において検証する必要から、課題文に資料等を添付して詳細な状況設定を行う出題形式となっています。
　具体的には、(1)で課題を設定し、(2)でその解決策を提示しますが、いきなり論文を書き始めるのではなく、まずは論文の全体構成を簡単で構わないのでメモにまとめることにより、課題と解決策が対応する筋の通った論文を書くための必須の作業になります。試験当日も落ち着いて課題文や資料を読み、課題と現実的な解決策、また解決に向けた主任としての役割を抽出しましょう。実際に職場でテーマとなりそうな課題とその解決策を事前に準備しておき、出題に合うように記述していくとよいでしょう。試験と同様の時間内で書き上げる練習をして時間配分を見極めておくことも、落ち着いて試験に臨むためには必要です。

講評

　今回の出題は、感染症対策への対応という都政が直面する最重要課題を取り上げています。実際にこれまでにない仕事の進め方や職場運営が求められていますので、論文対策としても見ておいた方がよいテーマでしょう。
　(1)では、「業務に不慣れな職員のフォロー」「情報共有」とともに、「感染症拡大を想定した準備」の３点を課題に挙げています。設問にある、業務を円滑かつ適切に進める上でとの視点も踏まえて、明確な問題意識のもとに課題を的確に抽出しています。
　(2)では、主任として課題の解決に向けてどう対応するのか、具体的な

役割にも言及しながら解決策を提示しています。

　1では、F主事に業務日報を作成させることを述べています。「私」がきちんと日報に目を通し、進捗などを確認することで、F主事の業務の遅延等を防ぐ効果が期待できます。欲を言えば、ミスが目立つF主事の事務処理そのもののチェックも重要です。副担当という立場でそれをしっかりと行うことにも言及しつつ、フォローに手が回らない状況の補完として業務日報を活用するのがより有効な取り組みでしょう。

　2では、リモートによる定例会議の実施を提案しています。職員間で業務の進捗や抱える課題などの情報を共有するために、定例的な会議は有効です。リモート会議はこれまでにない方式で、使用方法のマニュアルは取り組みの定着を図る一助になります。ただ、このようなマニュアルは全庁統一のものが提供されるのが通例だと捉えると、例えば、自らがマニュアルの内容を把握し、他の職員に使い方を教示することでリモート会議の円滑な実施と定着を図るという対応もあるでしょう。

　なお、「管理課の実態に即した開催方法を確立する」については、管理課の実態やそれに即した開催方法が必要な理由が分かりづらく、補足が必要です。

　設問では「感染症の流行で例年にない動きが多く、所内業務課との調整も発生」とあるので、課内の定例会議の再開のみならず、業務課との定例会議の開催に取り組むのもよいでしょう。

　3では、所内でプロジェクトチームを立ち上げ、業務の優先度を踏まえ業務分担を想定することを述べています。日頃からこのように備えておけば、状況に応じて各課長が課内の体制を差配する際の判断材料を提供でき、所の業務停滞を防ぎながらS局への職員派遣にも円滑に対応できる体制が構築できます。

　全体として、主任としての意識の高さが伝わる論文となっています。実際に、職場における課題を見抜いて有効な解決策を提示するとともに、自らが課題解決に率先して取り組むことが主任の役割です。主任として職場で活躍するご自身の姿を思い描きながら、論文対策を進めてください。

第**3**章

論文攻略法

論文 3— 【職場もの】

下記の事例と資料を分析し、次の（1）、（2）に分けて述べてください。

　A局のC事業所では、都が多摩地域に保有する施設の管理運営を主な業務としており、施設の利用に関する手続きや申請の処理も行っている。あなたは今年の4月に管理課の主任として配属された。今年度の担当は、あなた、担当3年目のD課長代理、入都2年目のE主事、昨年度から担当となっているF非常勤、そして今年度新たに採用したG非常勤の5人で構成されている。
　C事業所では、本年10月に新たな施設Xを開設する予定であり、8月には事業者等へ事前説明会を実施する予定である。しかし、通常

資料1　A局の組織図

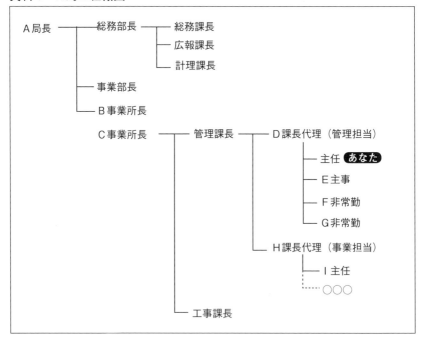

の施設利用に関する問い合わせに加え、施設Xに関する問い合わせも多く、日中は問い合わせ対応に追われており、担当内は多忙な状態である。

問い合わせはマニュアルを元に非常勤の２人が主に対応している。F非常勤はマニュアルをよく理解して対応しているが、G非常勤は問い合わせに苦慮している場面がしばしば見受けられた。ある日、あなたは窓口で「以前、G非常勤に案内されたとおりに利用手続きの申請書を作成し、提出したが、書類が差し戻された」という苦情を受けた。

７月に入り、あなたは事業担当のＩ主任から、「６月以降、説明会の話を何も聞いてないが大丈夫か」という話を聞いた。説明会の準備事務を担当するＥ主事に確認したところ、「通常業務で手がいっぱいで、説明会の準備まで業務が回っていない」とのことだった。また、Ｅ主事に話を詳しく聞いたところ、説明会の準備事務のスケジュール等を周囲の職員と共有できていないことも判明した。周囲に共有できなかった理由として、「まわりの方も忙しそうで相談できるような雰囲気ではなかった」と話している。本来、６月中に説明会へ参加する業者等を募り、７月初旬に決定するスケジュールであったが、何もできていない状態である。

こうした状況を所長に報告したところ、「10月の施設開設に影響が

資料２　管理担当　業務分担表

◎　主担当　　○　副担当

業務	D課長代理	あなた	E主事	F非常勤	G非常勤
総括	◎	○			
庶務事務			◎	○	○
問い合わせ対応	○	○	○	◎	◎
業者との連絡調整	○	◎			
契約担当		◎		○	○
施設利用の申請処理			◎	○	○
利用状況の管理		◎		○	○
説明会準備	○		◎		
広報担当		◎	○		

ないように対応してほしい。また働き方改革の取り組みとして、効率良く業務を進めつつ、超過勤務縮減にも努めること」との指示が課長代理とあなたにあった。

(1) 設問の職場において、都民の信頼を確保しながら業務を円滑に進めていく上での課題について、簡潔に述べてください。

（300字以上500字程度）

(2) (1) で述べた課題に対して、今後、あなたはどのように課題解決に取り組んでいくべきか、主任に期待される役割を踏まえ、具体的に述べてください。

（1200字以上1500字程度）

資料3　管理担当全体の超過勤務時間

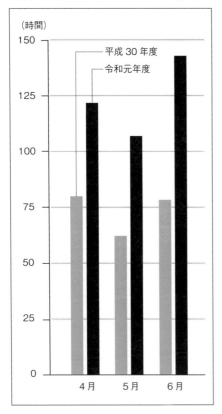

資料4　管理担当での電話対応件数

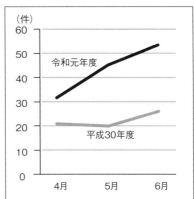

●主な問い合わせや苦情
〇前に別の担当者から聞いた回答と異なる回答をされた。
〇案内されたとおりに申請書を提出したが、不備があると差し戻された。
〇施設利用に必要な申請書の書き方が分かりにくい。
〇職員の電話対応が良くない。
〇施設Xについておしえてほしい。
〇施設Xに関することを問い合わせたが、明確な回答が得られなかった。

論文例3

(1)

　設問の職場において、都民の信頼を確保しながら業務を円滑に進めていく上での課題は以下の3点である。

　第一に、職員の業務支援ができていない点である。設問の職場では、今年度採用されたG非常勤が問い合わせ対応に苦慮しているにもかかわらず、そのフォローができていない状態であり、事業者からの苦情に発展している。このままでは、G非常勤が円滑に業務を行えないだけでなく、事業者への誤った回答により都政への信頼を損なう恐れがある。

　第二に、問い合わせ対応に追われている点である。設問の職場では、資料4のとおり、昨年度より問い合わせの件数が増加しており、多忙な状態となっている。この状況を改善しなければ、他の業務に支障をきたし、円滑な業務遂行が困難となる可能性がある。

　第三に、職員間の情報共有が不足している点である。設問の職場では、職員間での報連相が十分にできておらず、E主事は説明会業務の状況を周囲に相談できない状態になっていた。このままでは、8月の事前説明会や10月の施設開設が予定どおり実施できない可能性がある。

(2)

(1) で述べた課題に対して、私は主任として以下のとおり取り組む。

1　非常勤職員の業務支援

　G非常勤が業務に苦慮している原因の一つとして、ノウハウが蓄積されていない点がある。

　そこで私は、OJTによりG非常勤の業務支援を積極的に行っていく。具体的には、私が日頃からG非常勤に声をかけ、苦慮している点の確認を行い、その場でアドバイスや着眼点を伝え、すぐに実践してもらうことで、理解を促進していく。また、私は問い合わせ記録票のフォーマットを作成し、担当内へ記載を依頼する。各職員が受けた問い合わせと回答を記録し共有することで、G非常勤の知識の拡充を図るとともに、職員によって回答が異ならないような仕組みを構築していく。

　この取り組みにより、G非常勤の業務への理解が深まり、円滑な業務遂行

へつながる。さらに、誤った回答による苦情削減効果も期待でき、都民から
の信頼確保へつながる。

2 ホームページの利活用による業務効率化

業務を円滑に行うためには、問い合わせ対応に係る負担を軽減していく必
要があると私は考える。

そこで私は主任として、ホームページの利活用により、問い合わせ対応の
効率化に取り組んでいく。具体的には、担当内で作成した問い合わせ記録票
等を参考に、よくある問い合わせをFAQとしてまとめ、ホームページへ掲
載する。ホームページへ掲載した後は、窓口で利用者に案内することで、ホー
ムページの閲覧を促進していく。さらに、私は窓口に来庁した事業者に記
載例の分かりにくい点等の改善点の確認を行うように担当内へ依頼し、その
情報を取りまとめてホームページに反映させることで、より事業者に分かり
やすいサービス提供を心掛けていく。

この取り組みにより、問い合わせ件数の削減効果が期待でき、業務全体の
効率化が可能となる。

3 コミュニケーションの活性化

E主事が適切に報連相をできなかった原因として、担当内で日頃から情報
を共有する体制が構築できていなかった点が挙げられる。

そこで私は、定例会の実施により職員のコミュニケーションの活性化を図
る。まず、最初の定例会では、私は10月の施設開設に向けての作業スケジ
ュール表や進捗管理表の作成を行い、担当内で作業期限等を共有していく。
その後の定例会では、進捗状況の報告を必ず行うようにし、互いの業務状況
が把握できる状況を作っていく。また、私は定例会の際には率先して業務上
の悩みを周囲と共有していき、E主事が発言しやすい雰囲気づくりに努めて
いく。その上で、E主事にも悩みを打ち明けてもらい、その悩みを周囲と協
力して解決していくことで、報連相の重要性を認識してもらう。

この取り組みにより、職員間のコミュニケーションの機会を増やし、担当
内で情報を共有する体制が構築でき、円滑な業務遂行につながる。

解説

　一定程度の訓練を行い、落ち着いて事例や資料を読み込んでいけば、十分に対応することができると思います。その際に留意すべきは、「自らの視点で課題を抽出、分析」することです。見つけた問題点は、事例に即した具体的な三つの課題としてまとめ、それに対応する解決策をセットで考えていきましょう。とはいえ、試験中に具体的な解決策を導き出す時間はあまりないため、「人材育成」「情報共有」「業務効率化」等、出題テーマとして想定される複数の解決策を事前に準備しておきましょう。

　ただし、事前準備していた解決策を無理に出題事例に当てはめようとすると、論文の評価は低くなってしまいますので、事例に即した「現実的かつ具体的な解決策」にアレンジすることが必要です。

　また、当日の試験時間は長いように思えますが、一度書き始めてしまうと、大幅な修正は非常に難しいです。レジュメを作成する段階から課題と解決策に矛盾がないかを意識して論文の大枠を固めると良いでしょう。

講評

　(1) では、①職員の業務支援ができていない②問い合わせ対応に追われている③職員間の情報共有が不足している——の３点の課題にまとめています。事例の職場で「業務を円滑に進めていく上での課題」となっていることを真正面から捉えており、回答者の問題意識は的確であると言えます。

　(2) では、(1) で述べた３点の課題に対する具体的な解決策を述べています。

　1では、非常勤職員の業務支援を挙げています。G非常勤が問い合わせに苦慮しているとともに、苦情の元となる案内をしていたことを考えると、G非常勤への業務支援は効果の高い課題解決策であり、また、主任としての役割を踏まえた記述となっています。さらに、問い合わせ記録票のフォーマットを作成する点については、G非常勤の知識拡充のみならず、職員によって回答が異ならないような仕組みの構築を目指しており、意欲の高さがうかがえる記述となっています。ただし、人材育成を目的とする「OJT」と、「業務支援」は概念が異なるものとなりますので、「OJTによりG非常勤の人材

第**3**章　論文攻略法

育成を図るともに、業務支援にもつなげていく」などとすれば、論理的に矛盾のない記述となるでしょう。また、設問では「F非常勤はマニュアルをよく理解して対応している」とあり、マニュアルを理解すれば一定程度の対応ができるようになると考えられますので、F非常勤も交えたマニュアルに関する勉強会をOJTの項目に入れても良いでしょう。

　2では、ホームページの利活用による業務効率化を挙げています。本人の主担当である「広報」に着目した現実的な解決策となっています。分かりやすい案内が実現すれば、問い合わせ件数の削減効果が見込まれるとともに、都民の利便性向上や信頼確保も実現可能になります。なお、記述内容には問題はありませんが、「さらに、私は窓口へ来庁した事業者へ……」）の一文は冗長な印象を受けます。主任試験では、一文は60字以内が良いと言われていますので、「ホームページへ反映させる」で文を切り、「これらを実現することで、事業者に分かりやすい案内を提供していく」などとすると良いでしょう。

　3では、コミュニケーションの活性化を挙げています。定例会という場を活用して、担当内での業務の進捗状況を把握するとともに、自らが業務上の悩みを共有することで、E主事が相談しやすい雰囲気を作り問題解決に導いていく。そのことにより、報連相の重要性を認識してもらうという解決策は、主任としての積極性が感じられて評価できます。ただし、定例会は課長代理が招集するのが一般的だと思いますので、「そこで私は、コミュニケーションの活性化を図るため、定例会の実施をD課長代理に提案する」などとした方が良いでしょう。

　最後のまとめですが、平成29年度から決意表明は採点対象外となっているものの、論文の完結を印象付けるには、もう少し具体的に記述した方が良いと思います。「私は主任として上記の取り組みを精力的に行い、組織支援強化と都民サービスの向上を図ることで、円滑な業務遂行を実現していく」などとしたらどうでしょうか。主任としての力強さも感じられると思います。

　論文力の向上は、とにかく書いてみることが一番です。ある程度、諸先輩方の再現論文の読み込みをしてからで構いませんが、まずは1本、書いてみることをお勧めします。そして、上司に添削をお願いしてください。自分では気がつかない思考のクセや論理的な矛盾点などを指摘していただくことができます。

262

東京都主任試験ハンドブック 第31版

定価：2750円（税込）

2021年5月31日　初版発行

編集人————㈱都政新報社　出版部
発行人————吉田　実
発行所————㈱都政新報社
　　　　　　〒160-0023　東京都新宿区西新宿7-23-1　ＴＳビル
　　　　　　電話03-5330-8788　　　FAX 03-5330-8904
　　　　　　振替00130-2-101470
　　　　　　http://www.toseishimpo.co.jp/
デザイン————荒瀬光治（あむ）
印刷・製本——藤原印刷株式会社

ISBN978-4-88614-265-8 C2030